Autores Varios

Constitución cubana de 2019

Barcelona 2024
Linkgua-ediciones.com

Créditos

Título original: Constitución cubana de 2019.

© 2024, Red ediciones S.L.

e-mail: info@Linkgua-ediciones.com

Diseño de cubierta: Michel Mallard

ISBN rústica ilustrada: 978-84-9816-666-8.
ISBN tapa dura: 978-84-1076-057-8.
ISBN ebook: 978-84-1076-016-5.

Cualquier forma de reproducción, distribución, comunicación pública o transformación de esta obra solo puede ser realizada con la autorización de sus titulares, salvo excepción prevista por la ley. Diríjase a CEDRO (Centro Español de Derechos Reprográficos, www.cedro.org) si necesita fotocopiar, escanear o hacer copias digitales de algún fragmento de esta obra.

Sumario

Créditos	4
Cuba 2019	9
Preámbulo	11
Título I. Fundamentos políticos	15
Capítulo I. Principios fundamentales	15
Artículo 1	15
Capítulo II. Relaciones internacionales	20
Título II. Fundamentos económicos	25
Título III. Fundamentos de la política educacional, científica y cultural	33
Título IV. Ciudadanía	35
Título V. Derechos, deberes y garantías	37
Capítulo I. Disposiciones generales	37
Capítulo II. Derechos	39
Capítulo III. Las familias	49
Capítulo IV. Deberes	52
Capítulo V. Derechos y deberes de los extranjeros	53
Capítulo VI. Garantías de los derechos	54
Título VI. Estructura del Estado	59
Capítulo I. Principios de organización y funcionamiento de los órganos del Estado	59

Capítulo II. Asamblea Nacional del Poder Popular y consejo de estado	60
Sección primera. Asamblea Nacional del Poder Popular	60
Sección segunda. Diputados y comisiones de la Asamblea Nacional del Poder Popular	66
Sección tercera. Consejo de Estado	68
Capítulo III. Presidente y vicepresidente de la república	72
Capítulo IV. Gobierno de la república	76
Sección primera. Consejo de ministros	77
Sección segunda. Primer ministro	81
Sección tercera. Miembros del consejo de ministros	83
Sección cuarta. Administración central del estado	84
Capítulo V. Tribunales de justicia	84
Capítulo VI. Fiscalía general de la república	86
Capítulo VII. Contraloría general de la república	88
Capítulo VIII. De las disposiciones normativas	89
Sección primera. De la iniciativa legislativa	89
Sección segunda. De la elaboración, publicación y entrada en vigor	90
Título VII. Organización territorial del estado	**91**
Título VIII. Órganos locales del poder popular	**93**
Capítulo I. Gobierno provincial del poder popular	93
Sección primera. Disposiciones generales	93
Sección segunda. Gobernador y vicegobernador provincial	94
Sección tercera. Consejo provincial	97
Capítulo II. Órganos municipales del poder popular	99
Sección primera. Asamblea municipal del poder popular	99
Sección segunda. Delegados a la asamblea municipal del poder popular	103

Sección tercera. Comisiones de la asamblea municipal del poder popular — 105
Sección cuarta. Consejo popular — 105
Sección quinta. Garantías a los derechos de petición y participación popular local — 106
Sección sexta. Administración municipal — 107

Título IX. Sistema electoral — 109
Capítulo I. Disposiciones generales — 109
Capítulo II. Consejo electoral nacional — 111

Título X. Defensa y seguridad nacional — 113
Capítulo I. Disposiciones generales — 113
Capítulo II. Consejo de defensa nacional — 113
Capítulo III. Instituciones armadas del estado — 114
Capítulo IV. Situaciones excepcionales y de desastre — 115

Título XI. Reforma de la Constitución — 117
Disposiciones transitorias — 118
Disposiciones finales — 122

Libros a la carta — 125

Cuba 2019

Proyecto del 2018 con enmiendas resultantes de la consulta popular, publicado el 5 de enero de 2019; aprobado por el público en un referéndum nacional el 24 de febrero de 2019.

Preámbulo

NOSOTROS, EL PUEBLO DE CUBA,
inspirados en el heroísmo y patriotismo de los que lucharon por una Patria libre, independiente, soberana, democrática, de justicia social y solidaridad humana, forjada en el sacrificio de nuestros antecesores;

por los aborígenes que se resistieron a la sumisión;

por los esclavos que se rebelaron contra sus amos;

por los que despertaron la conciencia nacional y el ansia cubana de patria y libertad;

por los patriotas que a partir de 1868 iniciaron y participaron en nuestras luchas independentistas contra el colonialismo español, y a los que en el último impulso de 1895 les fuera frustrada la victoria al producirse la intervención y ocupación militar del imperialismo yanqui en 1898;

por los que lucharon durante más de cincuenta años contra el dominio imperialista, la corrupción política, la falta de derechos y libertades populares, el desempleo, la explotación impuesta por capitalistas, terratenientes y otros males sociales;

por los que promovieron, integraron y desarrollaron las primeras organizaciones de obreros, campesinos y estudiantes; difundieron las ideas socialistas y fundaron los primeros movimientos revolucionarios, marxistas y leninistas;

por los integrantes de la vanguardia de la Generación del Centenario del natalicio de Martí, que nutridos por su magisterio nos condujeron a la victoria revolucionaria popular de enero de 1959;

por los que, con el sacrificio de sus vidas, defendieron la Revolución y contribuyeron a su definitiva consolidación;

por los que masivamente cumplieron heroicas misiones internacionalistas;

por la resistencia épica y unidad de nuestro pueblo;

GUIADOS
por lo más avanzado del pensamiento revolucionario, antiimperialista y marxista cubano, latinoamericano y universal, en particular por el ideario y ejemplo de Martí y Fidel y las ideas de emancipación social de Marx, Engels y Lenin;

APOYADOS
en el internacionalismo proletario, en la amistad fraternal, la ayuda, la cooperación y la solidaridad de los pueblos del mundo, especialmente los de América Latina y el Caribe;

DECIDIDOS
a llevar adelante la Revolución del Moncada, del Granma, de la Sierra, de la lucha clandestina y de Girón, que sustentada en el aporte y la unidad de las principales fuerzas revolucionarias y del pueblo conquistó la plena independencia nacional, estableció el poder revolucionario, realizó las transformaciones democráticas e inició la construcción del socialismo;

CONVENCIDOS

de que Cuba no volverá jamás al capitalismo como régimen sustentado en la explotación del hombre por el hombre, y que solo en el socialismo y en el comunismo el ser humano alcanza su dignidad plena;

CONSCIENTES

de que la unidad nacional y el liderazgo del Partido Comunista de Cuba, nacido de la voluntad unitaria de las organizaciones que contribuyeron decisivamente al triunfo de la Revolución y legitimado por el pueblo, constituyen pilares fundamentales y garantías de nuestro orden político, económico y social;

IDENTIFICADOS

con los postulados expuestos en el concepto de Revolución, expresado por nuestro Comandante en Jefe Fidel Castro Ruz el 1.º de mayo del año 2000;

DECLARAMOS

nuestra voluntad de que la ley de leyes de la República esté presidida por este profundo anhelo, al fin logrado, de José Martí:

"Yo quiero que la ley primera de nuestra República sea el culto de los cubanos a la dignidad plena del hombre";

ADOPTAMOS

por nuestro voto libre y secreto, mediante referendo popular, a ciento cincuenta años de nuestra primera Constitución mambisa, aprobada en Guáimaro el 10 de abril de 1869, la siguiente:

Título I. Fundamentos políticos

Capítulo I. Principios fundamentales

Artículo 1

Cuba es un Estado socialista de derecho y justicia social, democrático, independiente y soberano, organizado con todos y para el bien de todos como república unitaria e indivisible, fundada en el trabajo, la dignidad, el humanismo y la ética de sus ciudadanos para el disfrute de la libertad, la equidad, la igualdad, la solidaridad, el bienestar y la prosperidad individual y colectiva.

Artículo 2

El nombre del Estado cubano es República de Cuba, el idioma oficial es el español y su capital es La Habana.

Los símbolos nacionales son la bandera de la estrella solitaria, el Himno de Bayamo y el escudo de la palma real.

La ley define las características que los identifican, su uso y conservación.

Artículo 3

En la República de Cuba la soberanía reside intransferiblemente en el pueblo, del cual dimana todo el poder del Estado. El pueblo la ejerce directamente o por medio de las Asambleas del Poder Popular y demás órganos del Estado que de ellas se derivan, en la forma y según las normas fijadas por la Constitución y las leyes.

Artículo 4
La defensa de la patria socialista es el más grande honor y el deber supremo de cada cubano.

La traición a la patria es el más grave de los crímenes, quien la comete está sujeto a las más severas sanciones.

El sistema socialista que refrenda esta Constitución, es irrevocable.

Los ciudadanos tienen el derecho de combatir por todos los medios, incluyendo la lucha armada, cuando no fuera posible otro recurso, contra cualquiera que intente derribar el orden político, social y económico establecido por esta Constitución.

Artículo 5
El Partido Comunista de Cuba, único, martiano, fidelista, marxista y leninista, vanguardia organizada de la nación cubana, sustentado en su carácter democrático y la permanente vinculación con el pueblo, es la fuerza política dirigente superior de la sociedad y del Estado.

Organiza y orienta los esfuerzos comunes en la construcción del socialismo y el avance hacia la sociedad comunista. Trabaja por preservar y fortalecer la unidad patriótica de los cubanos y por desarrollar valores éticos, morales y cívicos.

Artículo 6

La Unión de Jóvenes Comunistas, organización de vanguardia de la juventud cubana, cuenta con el reconocimiento y el estímulo del Estado, contribuye a la formación de las más jóvenes generaciones en los principios revolucionarios y éticos de nuestra sociedad, y promueve su participación en la edificación del socialismo.

Artículo 7

La Constitución es la norma jurídica suprema del Estado. Todos están obligados a cumplirla. Las disposiciones y actos de los órganos del Estado, sus directivos, funcionarios y empleados, así como de las organizaciones, las entidades y los individuos se ajustan a lo que esta dispone.

Artículo 8

Lo prescrito en los tratados internacionales en vigor para la República de Cuba forma parte o se integra, según corresponda, al ordenamiento jurídico nacional. La Constitución de la República de Cuba prima sobre estos tratados internacionales.

Artículo 9

Cumplir estrictamente la legalidad socialista es una obligación de todos.

Los órganos del Estado, sus directivos, funcionarios y empleados, además, velan por su respeto en la vida de toda la sociedad y actúan dentro de los límites de sus respectivas competencias.

Artículo 10

Los órganos del Estado, sus directivos, funcionarios y empleados están obligados a respetar, atender y dar respuesta al pueblo, mantener estrechos vínculos con este y someterse a su control, en las formas establecidas en la Constitución y las leyes.

Artículo 11

El Estado ejerce soberanía y jurisdicción:

a. sobre todo el territorio nacional, integrado por la Isla de Cuba, la Isla de la Juventud, las demás islas y cayos adyacentes, las aguas interiores y el mar territorial en la extensión que fija la ley, el espacio aéreo que sobre estos se extiende y el espectro radioeléctrico;

b. sobre el medio ambiente y los recursos naturales del país;

c. sobre los recursos naturales, tanto vivos como no vivos, del lecho y de las aguas suprayacentes a este, y el subsuelo del mar de la zona económica exclusiva de la República, en la extensión que fija la ley, de conformidad con el Derecho Internacional, y

d. sobre la plataforma continental en la extensión que fija la ley y conforme al Derecho Internacional.

Asimismo, ejerce jurisdicción en la zona contigua en correspondencia con el Derecho Internacional.

Artículo 12

La República de Cuba repudia y considera ilegales y nulos los tratados, concesiones o pactos acordados en condiciones de desigualdad o que desconocen o disminuyen su soberanía e integridad territorial.

Artículo 13

El Estado tiene como fines esenciales los siguientes:

a. encauzar los esfuerzos de la nación en la construcción del socialismo y fortalecer la unidad nacional;
b. mantener y defender la independencia, la integridad y la soberanía de la patria;
c. preservar la seguridad nacional;
d. garantizar la igualdad efectiva en el disfrute y ejercicio de los derechos, y en el cumplimiento de los deberes consagrados en la Constitución y las leyes;
e. promover un desarrollo sostenible que asegure la prosperidad individual y colectiva, y obtener mayores niveles de equidad y justicia social, así como preservar y multiplicar los logros alcanzados por la Revolución;
f. garantizar la dignidad plena de las personas y su desarrollo integral;
g. afianzar la ideología y la ética inherentes a nuestra sociedad socialista;
h. proteger el patrimonio natural, histórico y cultural de la nación, y
i. asegurar el desarrollo educacional, científico, técnico y cultural del país.

Artículo 14

El Estado reconoce y estimula a las organizaciones de masas y sociales, que agrupan en su seno a distintos sectores de la población, representan sus intereses específicos y los incorporan a las tareas de la edificación, consolidación y defensa de la sociedad socialista.

La ley establece los principios generales en que estas organizaciones se fundamentan y reconoce el desempeño de las demás formas asociativas.

Artículo 15
El Estado reconoce, respeta y garantiza la libertad religiosa.

El Estado cubano es laico. En la República de Cuba las instituciones religiosas y asociaciones fraternales están separadas del Estado y todas tienen los mismos derechos y deberes.

Las distintas creencias y religiones gozan de igual consideración.

Capítulo II. Relaciones internacionales

Artículo 16
La República de Cuba basa las relaciones internacionales en el ejercicio de su soberanía y los principios antiimperialistas e internacionalistas, en función de los intereses del pueblo y, en consecuencia:

a. reafirma que las relaciones económicas, diplomáticas y políticas con cualquier otro Estado no podrán ser jamás negociadas bajo agresión, amenaza o coerción;

b. ratifica su aspiración de paz digna, verdadera y válida para todos los Estados, asentada en el respeto a la independencia y soberanía de los pueblos y su derecho a la libre determinación, expresado en la libertad de elegir su sistema político, económico, social y cultural, como condición esencial para asegurar la convivencia pacífica entre las naciones;

c. sostiene su voluntad de observar de manera irrestricta los principios y normas que conforman el Derecho Internacional, en particular la igualdad de derechos, la integridad territorial, la independencia de los Estados, el no uso ni amenaza del uso de la fuerza en las relaciones internacionales, la cooperación internacional en beneficio e interés mutuo y equitativo, el arreglo pacífico de controversias sobre la base de la igualdad, el respeto y los demás principios proclamados en la Carta de las Naciones Unidas;

d. reafirma su voluntad de integración y colaboración con los países de América Latina y del Caribe;

e. promueve la unidad de todos los países del Tercer Mundo y condena el imperialismo, el fascismo, el colonialismo, el neocolonialismo u otras formas de sometimiento, en cualquiera de sus manifestaciones;

f. promueve la protección y conservación del medio ambiente y el enfrentamiento al cambio climático, que amenaza la sobrevivencia de la especie humana, sobre la base del reconocimiento de responsabilidades comunes, pero diferenciadas; el establecimiento de un orden económico internacional justo y equitativo y la erradicación de los patrones irracionales de producción y consumo;

g. defiende y protege el disfrute de los derechos humanos y repudia cualquier manifestación de racismo o discriminación;

h. condena la intervención directa o indirecta en los asuntos internos o externos de cualquier Estado y, por tanto, la agresión armada, cualquier forma de coerción económica o política, los bloqueos unilaterales violatorios del Derecho Internacional, u otro tipo de injerencia y amenaza a la integridad de los Estados;

i. rechaza la violación del derecho irrenunciable y soberano de todo Estado a regular el uso y los beneficios de las telecomunicaciones en su territorio, conforme a la práctica universal y a los convenios internacionales de los que Cuba es parte;

j. califica de crimen internacional la agresión y la guerra de conquista, reconoce la legitimidad de las luchas por la liberación nacional y la resistencia armada a la agresión, así como considera su deber internacionalista solidarizarse con el agredido y con los pueblos que combaten por su liberación y autodeterminación;

k. promueve el desarme general y completo y rechaza la existencia, proliferación o uso de armas nucleares, de exterminio en masa u otras de efectos similares, así como el desarrollo y empleo de nuevas armas y de nuevas formas de hacer la guerra, como la ciberguerra, que transgreden el Derecho Internacional;

l. repudia y condena el terrorismo en cualquiera de sus formas y manifestaciones, en particular el terrorismo de Estado;

m. ratifica su compromiso en la construcción de una sociedad de la información y el conocimiento centrada en la persona, integradora y orientada al desarrollo sostenible, en la que todos puedan crear, consultar, utilizar y compartir la información y el conocimiento en la mejora de su calidad de vida; y defiende la cooperación de todos los Estados y la democratización del ciberespacio, así como condena su uso y el del espectro radioeléctrico con fines contrarios a lo anterior, incluidas la subversión y la desestabilización de naciones soberanas;

n. basa sus relaciones con los países que edifican el socialismo en la amistad fraternal, la cooperación y la ayuda mutua;

ñ. mantiene y fomenta relaciones de amistad con los países que, teniendo un régimen político, social y económico diferente, respetan su soberanía, observan las normas de convivencia entre los Estados y adoptan una actitud recíproca con nuestro país, de conformidad con los principios del Derecho Internacional, y

o. promueve el multilateralismo y la multipolaridad en las relaciones internacionales, como alternativas a la dominación y al hegemonismo político, financiero y militar o cualquier otra manifestación que amenacen la paz, la independencia y la soberanía de los pueblos.

Artículo 17
La República de Cuba puede conceder asilo, de conformidad con la ley, a los perseguidos por sus ideales o luchas por la liberación nacional, por actividades progresistas, por el socialismo y la paz, por los derechos democráticos y sus reivindicaciones, así como a los que luchan contra el imperialismo, el fascismo, el colonialismo, el neocolonialismo y cualquier otra forma de dominación, la discriminación y el racismo.

Título II. Fundamentos económicos

Artículo 18

En la República de Cuba rige un sistema de economía socialista basado en la propiedad de todo el pueblo sobre los medios fundamentales de producción como la forma de propiedad principal, y la dirección planificada de la economía, que tiene en cuenta, regula y controla el mercado en función de los intereses de la sociedad.

Artículo 19

El Estado dirige, regula y controla la actividad económica conciliando los intereses nacionales, territoriales, colectivos e individuales en beneficio de la sociedad.

La planificación socialista constituye el componente central del sistema de dirección del desarrollo económico y social. Su función esencial es proyectar y conducir el desarrollo estratégico, previendo los equilibrios pertinentes entre los recursos y las necesidades.

Artículo 20

Los trabajadores participan en los procesos de planificación, regulación, gestión y control de la economía.

La ley regula la participación de los colectivos laborales en la administración y gestión de las entidades empresariales estatales y unidades presupuestadas.

Artículo 21

El Estado promueve el avance de la ciencia, la tecnología y la innovación como elementos imprescindibles para el desarrollo económico y social.

Igualmente implementa formas de organización, financiamiento y gestión de la actividad científica; propicia la introducción sistemática y acelerada de sus resultados en los procesos productivos y de servicios, mediante el marco institucional y regulatorio correspondiente.

Artículo 22

Se reconocen como formas de propiedad, las siguientes:

a. socialista de todo el pueblo: en la que el Estado actúa en representación y beneficio de aquel como propietario.
b. cooperativa: la sustentada en el trabajo colectivo de sus socios propietarios y en el ejercicio efectivo de los principios del cooperativismo.
c. de las organizaciones políticas, de masas y sociales: la que ejercen estos sujetos sobre los bienes destinados al cumplimiento de sus fines.
d. privada: la que se ejerce sobre determinados medios de producción por personas naturales o jurídicas cubanas o extranjeras; con un papel complementario en la economía.
e. mixta: la formada por la combinación de dos o más formas de propiedad.
f. de instituciones y formas asociativas: la que ejercen estos sujetos sobre sus bienes para el cumplimiento de fines de carácter no lucrativo.

g. personal: la que se ejerce sobre los bienes que, sin constituir medios de producción, contribuyen a la satisfacción de las necesidades materiales y espirituales de su titular.

Todas las formas de propiedad sobre los medios de producción interactúan en similares condiciones; el Estado regula y controla el modo en que contribuyen al desarrollo económico y social.

La ley regula lo relativo al ejercicio y alcance de las formas de propiedad.

Artículo 23

Son de propiedad socialista de todo el pueblo: las tierras que no pertenecen a particulares o a cooperativas integradas por estos, el subsuelo, los yacimientos minerales, las minas, los bosques, las aguas, las playas, las vías de comunicación y los recursos naturales tanto vivos como no vivos dentro de la zona económica exclusiva de la República.

Estos bienes no pueden trasmitirse en propiedad a personas naturales o jurídicas y se rigen por los principios de inalienabilidad, imprescriptibilidad e inembargabilidad.

La trasmisión de otros derechos que no impliquen transferencia de propiedad sobre estos bienes, se hará previa aprobación del Consejo de Estado, conforme a lo previsto en la ley, siempre que se destinen a los fines del desarrollo económico y social del país y no afecten los fundamentos políticos, económicos y sociales del Estado.

Artículo 24

La propiedad socialista de todo el pueblo incluye otros bienes como las infraestructuras de interés general, principales industrias e instalaciones económicas y sociales, así como otros de carácter estratégico para el desarrollo económico y social del país.

Estos bienes son inembargables y pueden trasmitirse en propiedad solo en casos excepcionales, siempre que se destinen a los fines del desarrollo económico y social del país y no afecten los fundamentos políticos, económicos y sociales del Estado, previa aprobación del Consejo de Ministros.

En cuanto a la trasmisión de otros derechos sobre estos bienes, así como a su gestión, se actuará conforme a lo previsto en la ley.

Las instituciones presupuestadas y las entidades empresariales estatales cuentan con otros bienes de propiedad socialista de todo el pueblo, sobre los cuales ejercen los derechos que le corresponden de conformidad con lo previsto en la ley.

Artículo 25

El Estado crea instituciones presupuestadas para cumplir esencialmente funciones estatales y sociales.

Artículo 26

El Estado crea y organiza entidades empresariales estatales con el objetivo de desarrollar actividades económicas de producción y prestación de servicios.

Estas entidades responden de las obligaciones contraídas con su patrimonio, en correspondencia con los límites que determine la ley.

El Estado no responde de las obligaciones contraídas por las entidades empresariales estatales y estas tampoco responden de las de aquel.

Artículo 27
La empresa estatal socialista es el sujeto principal de la economía nacional. Dispone de autonomía en su administración y gestión; desempeña el papel principal en la producción de bienes y servicios y cumple con sus responsabilidades sociales.

La ley regula los principios de organización y funcionamiento de la empresa estatal socialista.

Artículo 28
El Estado promueve y brinda garantías a la inversión extranjera, como elemento importante para el desarrollo económico del país, sobre la base de la protección y el uso racional de los recursos humanos y naturales, así como del respeto a la soberanía e independencia nacionales.

La ley establece lo relativo al desarrollo de la inversión extranjera en el territorio nacional.

Artículo 29
La propiedad privada sobre la tierra se regula por un régimen especial.

Se prohíbe el arrendamiento, la aparcería y los préstamos hipotecarios a particulares.

La compraventa o trasmisión onerosa de este bien solo podrá realizarse previo cumplimiento de los requisitos que establece la ley y sin perjuicio del derecho preferente del Estado a su adquisición mediante el pago de su justo precio.

Los actos traslativos de dominio no onerosos o de derechos de uso y disfrute sobre este bien se realizan previa autorización de la autoridad competente y de conformidad con lo establecido en la ley.

Artículo 30

La concentración de la propiedad en personas naturales o jurídicas no estatales es regulada por el Estado, el que garantiza además, una cada vez más justa redistribución de la riqueza, con el fin de preservar los límites compatibles con los valores socialistas de equidad y justicia social.

La ley establece las regulaciones que garantizan su efectivo cumplimiento.

Artículo 31

El trabajo es un valor primordial de nuestra sociedad. Constituye un derecho, un deber social y un motivo de honor de todas las personas en condiciones de trabajar.

El trabajo remunerado debe ser la fuente principal de ingresos que sustenta condiciones de vida dignas, permite elevar el bienestar material y espiritual y la realización de los proyectos individuales, colectivos y sociales.

La remuneración con arreglo al trabajo aportado se complementa con la satisfacción equitativa y gratuita de servicios sociales universales y otras prestaciones y beneficios.

Título III. Fundamentos de la política educacional, científica y cultural

Artículo 32

El Estado orienta, fomenta y promueve la educación, las ciencias y la cultura en todas sus manifestaciones.

En su política educativa, científica y cultural se atiene a los postulados siguientes:

a. se fundamenta en los avances de la ciencia, la creación, la tecnología y la innovación, el pensamiento y la tradición pedagógica progresista cubana y la universal;
b. la enseñanza es función del Estado, es laica y se basa en los aportes de la ciencia y en los principios y valores de nuestra sociedad;
c. la educación promueve el conocimiento de la historia de la nación y desarrolla una alta formación de valores éticos, morales, cívicos y patrióticos;
d. promueve la participación ciudadana en la realización de su política educacional, científica y cultural;
e. orienta, fomenta y promueve la cultura física, la recreación y el deporte en todas sus manifestaciones como medio de educación y contribución a la formación integral de las personas;
f. la actividad creadora e investigativa en la ciencia es libre. Se estimula la investigación científica con un enfoque de desarrollo e innovación, priorizando la dirigida a solucionar los problemas que atañen al interés de la sociedad y al beneficio del pueblo;

g. se fomenta la formación y empleo de las personas que el desarrollo del país requiere para asegurar las capacidades científicas, tecnológicas y de innovación;

h. se promueve la libertad de creación artística en todas sus formas de expresión, conforme a los principios humanistas en que se sustenta la política cultural del Estado y los valores de la sociedad socialista;

i. se fomenta y desarrolla la educación artística y literaria, la vocación para la creación, el cultivo del arte y la capacidad para apreciarlo;

j. defiende la identidad y la cultura cubana y salvaguarda la riqueza artística, patrimonial e histórica de la nación, y

k. protege los monumentos de la nación y los lugares notables por su belleza natural, o por su reconocido valor artístico o histórico.

Título IV. Ciudadanía

Artículo 33
La ciudadanía cubana se adquiere por nacimiento o por naturalización.

Artículo 34
Son ciudadanos cubanos por nacimiento:

a. los nacidos en el territorio nacional, con excepción de los hijos de extranjeros que se encuentren al servicio de su gobierno o de organismos internacionales. La ley establece los requisitos y las formalidades para el caso de los hijos de los extranjeros no residentes permanentes en el país;
b. los nacidos en el extranjero de padre o madre cubanos que se hallen cumpliendo misión oficial, de acuerdo con los requisitos y las formalidades que establece la ley;
c. los nacidos en el extranjero de padre o madre cubanos, previo cumplimiento de los requisitos y las formalidades que la ley señala, y
d. los nacidos fuera del territorio nacional de padre o madre cubanos por nacimiento que hayan perdido la ciudadanía cubana, siempre que la reclamen en la forma que señala la ley.

Artículo 35
Son ciudadanos cubanos por naturalización:

a. los extranjeros que adquieren la ciudadanía de acuerdo con lo establecido en la ley;

b. los que obtengan la ciudadanía cubana por decisión del Presidente de la República.

Artículo 36
La adquisición de otra ciudadanía no implica la pérdida de la ciudadanía cubana. Los ciudadanos cubanos, mientras se encuentren en el territorio nacional, se rigen por esa condición, en los términos establecidos en la ley y no pueden hacer uso de una ciudadanía extranjera.

Artículo 37
El matrimonio, la unión de hecho o su disolución no afectan la ciudadanía de los cónyuges, de los unidos o de sus hijos.

Artículo 38
Los cubanos no pueden ser privados de su ciudadanía, salvo por causas legalmente establecidas.

La ley establece el procedimiento a seguir para la formalización de la pérdida y renuncia de la ciudadanía y las autoridades facultadas para decidirlo.

Artículo 39
La ciudadanía cubana podrá recuperarse previo cumplimiento de los requisitos y formalidades que prescribe la ley.

Título V. Derechos, deberes y garantías

Capítulo I. Disposiciones generales

Artículo 40

La dignidad humana es el valor supremo que sustenta el reconocimiento y ejercicio de los derechos y deberes consagrados en la Constitución, los tratados y las leyes.

Artículo 41

El Estado cubano reconoce y garantiza a la persona el goce y el ejercicio irrenunciable, imprescriptible, indivisible, universal e interdependiente de los derechos humanos, en correspondencia con los principios de progresividad, igualdad y no discriminación. Su respeto y garantía es de obligatorio cumplimiento para todos.

Artículo 42

Todas las personas son iguales ante la ley, reciben la misma protección y trato de las autoridades y gozan de los mismos derechos, libertades y oportunidades, sin ninguna discriminación por razones de sexo, género, orientación sexual, identidad de género, edad, origen étnico, color de la piel, creencia religiosa, discapacidad, origen nacional o territorial, o cualquier otra condición o circunstancia personal que implique distinción lesiva a la dignidad humana.

Todas tienen derecho a disfrutar de los mismos espacios públicos y establecimientos de servicios.

Asimismo, reciben igual salario por igual trabajo, sin discriminación alguna.

La violación del principio de igualdad está proscrita y es sancionada por la ley.

Artículo 43

La mujer y el hombre tienen iguales derechos y responsabilidades en lo económico, político, cultural, laboral, social, familiar y en cualquier otro ámbito. El Estado garantiza que se ofrezcan a ambos las mismas oportunidades y posibilidades.

El Estado propicia el desarrollo integral de las mujeres y su plena participación social. Asegura el ejercicio de sus derechos sexuales y reproductivos, las protege de la violencia de género en cualquiera de sus manifestaciones y espacios, y crea los mecanismos institucionales y legales para ello.

Artículo 44

El Estado crea las condiciones para garantizar la igualdad de sus ciudadanos. Educa a las personas desde la más temprana edad en el respeto a este principio.

El Estado hace efectivo este derecho con la implementación de políticas públicas y leyes para potenciar la inclusión social y la salvaguarda de los derechos de las personas cuya condición lo requieran.

Artículo 45

El ejercicio de los derechos de las personas solo está limitado por los derechos de los demás, la seguridad colectiva, el bienestar general, el respeto al orden público, a la Constitución y a las leyes.

Capítulo II. Derechos

Artículo 46
Todas las personas tienen derecho a la vida, la integridad física y moral, la libertad, la justicia, la seguridad, la paz, la salud, la educación, la cultura, la recreación, el deporte y a su desarrollo integral.

Artículo 47
Las personas tienen derecho al libre desarrollo de su personalidad y deben guardar entre sí una conducta de respeto, fraternidad y solidaridad.

Artículo 48
Todas las personas tienen derecho a que se les respete su intimidad personal y familiar, su propia imagen y voz, su honor e identidad personal.

Artículo 49
El domicilio es inviolable. No se puede penetrar en morada ajena sin permiso de quien la habita, salvo por orden expresa de la autoridad competente, con las formalidades legales y por motivo previamente definido en la ley.

Artículo 50
La correspondencia y demás formas de comunicación entre las personas son inviolables. Solo pueden ser interceptadas o

registradas mediante orden expresa de autoridad competente, en los casos y con las formalidades establecidas en la ley.

Los documentos o informaciones obtenidas con infracción de este principio no constituyen prueba en proceso alguno.

Artículo 51
Las personas no pueden ser sometidas a desaparición forzada, torturas ni tratos o penas crueles, inhumanas o degradantes.

Artículo 52
Las personas tienen libertad de entrar, permanecer, transitar y salir del territorio nacional, cambiar de domicilio o residencia, sin más limitaciones que las establecidas por la ley.

Artículo 53
Todas las personas tienen derecho a solicitar y recibir del Estado información veraz, objetiva y oportuna, y a acceder a la que se genere en los órganos del Estado y entidades, conforme a las regulaciones establecidas.

Artículo 54
El Estado reconoce, respeta y garantiza a las personas la libertad de pensamiento, conciencia y expresión.

La objeción de conciencia no puede invocarse con el propósito de evadir el cumplimiento de la ley o impedir a otro su cumplimiento o el ejercicio de sus derechos.

Artículo 55

Se reconoce a las personas la libertad de prensa. Este derecho se ejerce de conformidad con la ley y los fines de la sociedad.

Los medios fundamentales de comunicación social, en cualquiera de sus manifestaciones y soportes, son de propiedad socialista de todo el pueblo o de las organizaciones políticas, sociales y de masas; y no pueden ser objeto de otro tipo de propiedad.

El Estado establece los principios de organización y funcionamiento para todos los medios de comunicación social.

Artículo 56

Los derechos de reunión, manifestación y asociación, con fines lícitos y pacíficos, se reconocen por el Estado siempre que se ejerzan con respeto al orden público y el acatamiento a las preceptivas establecidas en la ley.

Artículo 57

Toda persona tiene derecho a profesar o no creencias religiosas, a cambiarlas y a practicar la religión de su preferencia, con el debido respeto a las demás y de conformidad con la ley.

Artículo 58

Todas las personas tienen derecho al disfrute de los bienes de su propiedad. El Estado garantiza su uso, disfrute y libre disposición, de conformidad con lo establecido en la ley.

La expropiación de bienes se autoriza únicamente atendiendo a razones de utilidad pública o interés social y con la debida indemnización.

La ley establece las bases para determinar su utilidad y necesidad, las garantías debidas, el procedimiento para la expropiación y la forma de indemnización.

Artículo 59

La confiscación de bienes se aplica solo como sanción dispuesta por autoridad competente, en los procesos y por los procedimientos que determina la ley.

Cuando la confiscación de bienes sea dispuesta en procedimiento administrativo, se garantiza siempre a la persona su defensa ante los tribunales competentes.

Artículo 60

El Estado favorece en su política penitenciaria la reinserción social de las personas privadas de libertad, garantiza el respeto de sus derechos y el cumplimiento de las normas establecidas para su tratamiento en los establecimientos penitenciarios.

Asimismo, se ocupa de la atención y reinserción social de las personas que extinguen sanciones penales no detentivas o cumplen otros tipos de medidas impuestas por los tribunales.

Artículo 61

Las personas tienen derecho a dirigir quejas y peticiones a las autoridades, las que están obligadas a tramitarlas y dar las respuestas oportunas, pertinentes y fundamentadas en el plazo y según el procedimiento establecido en la ley.

Artículo 62

Se reconocen a las personas los derechos derivados de la creación intelectual, conforme a la ley y los tratados internacionales.

Los derechos adquiridos se ejercen por los creadores y titulares en correspondencia con la ley, en función de las políticas públicas.

Artículo 63

Se reconoce el derecho a la sucesión por causa de muerte. La ley regula su contenido y alcance.

Artículo 64

Se reconoce el derecho al trabajo. La persona en condición de trabajar tiene derecho a obtener un empleo digno, en correspondencia con su elección, calificación, aptitud y exigencias de la economía y la sociedad.

El Estado organiza instituciones y servicios que faciliten a las familias trabajadoras el desempeño de sus responsabilidades.

Artículo 65

Toda persona tiene derecho a que su trabajo se remunere en función de la calidad y cantidad, expresión del principio de distribución socialista "de cada cual según su capacidad, a cada cual según su trabajo".

Artículo 66

Se prohíbe el trabajo de las niñas, los niños y los adolescentes.

El Estado brinda especial protección a aquellos adolescentes graduados de la enseñanza técnica y profesional u otros que, en circunstancias excepcionales definidas en la ley, son autorizados a incorporarse al trabajo, con el fin de garantizar su adiestramiento y desarrollo integral.

Artículo 67

La persona que trabaja tiene derecho al descanso, que se garantiza por la jornada de trabajo de ocho horas, el descanso semanal y las vacaciones anuales pagadas.

La ley define aquellos otros supuestos en los que excepcionalmente se pueden aprobar jornadas y regímenes diferentes de trabajo, con la debida correspondencia entre el tiempo de trabajo y el descanso.

Artículo 68

La persona que trabaja tiene derecho a la seguridad social. El Estado, mediante el sistema de seguridad social, le garantiza la protección adecuada cuando se encuentre impedida de laborar por su edad, maternidad, paternidad, invalidez o enfermedad.

Asimismo, de conformidad con la ley, el Estado protege a los abuelos u otros familiares del menor de edad, en función del cuidado y atención a este.

En caso de muerte de la persona que trabaja o se encuentra pensionada, el Estado brinda similar protección a su familia, conforme a lo establecido en la ley.

Artículo 69

El Estado garantiza el derecho a la seguridad y salud en el trabajo mediante la adopción de medidas adecuadas para la prevención de accidentes y enfermedades profesionales.

La persona que sufre un accidente de trabajo o contrae una enfermedad profesional tiene derecho a la atención médica, a subsidio o jubilación en los casos de incapacidad temporal o permanente de trabajo o a otras formas de protección de la seguridad social.

Artículo 70

El Estado, mediante la asistencia social, protege a las personas sin recursos ni amparo, no aptas para trabajar, que carezcan de familiares en condiciones de prestarle ayuda; y a las familias que, debido a la insuficiencia de los ingresos que perciben, así lo requieran, de conformidad con la ley.

Artículo 71

Se reconoce a todas las personas el derecho a una vivienda adecuada y a un hábitat seguro y saludable.

El Estado hace efectivo este derecho mediante programas de construcción, rehabilitación y conservación de viviendas, con la participación de entidades y de la población, en correspondencia con las políticas públicas, las normas del ordenamiento territorial y urbano y las leyes.

Artículo 72

La salud pública es un derecho de todas las personas y es responsabilidad del Estado garantizar el acceso, la gratuidad y la calidad de los servicios de atención, protección y recuperación.

El Estado, para hacer efectivo este derecho, instituye un sistema de salud a todos los niveles accesible a la población y desarrolla programas de prevención y educación, en los que contribuyen la sociedad y las familias.

La ley define el modo en que los servicios de salud se prestan.

Artículo 73

La educación es un derecho de todas las personas y responsabilidad del Estado, que garantiza servicios de educación gratuitos, asequibles y de calidad para la formación integral, desde la primera infancia hasta la enseñanza universitaria de posgrado.

El Estado, para hacer efectivo este derecho, establece un amplio sistema de instituciones educacionales en todos los tipos y niveles educativos, que brinda la posibilidad de estudiar en cualquier etapa de la vida de acuerdo a las aptitudes, las exigencias sociales y a las necesidades del desarrollo económico-social del país.

En la educación tienen responsabilidad la sociedad y las familias.

La ley define el alcance de la obligatoriedad de estudiar, la preparación general básica que, como mínimo, debe adquirirse; la educación de las personas adultas y aquellos estudios de posgrado u otros complementarios que excepcionalmente pueden ser remunerados.

Artículo 74

Las personas tienen derecho a la educación física, al deporte y a la recreación como elementos esenciales de su calidad de vida.

El sistema nacional de educación garantiza la inclusión de la enseñanza y práctica de la educación física y el deporte como parte de la formación integral de la niñez, la adolescencia y la juventud.

El Estado crea las condiciones para garantizar los recursos necesarios dedicados a la promoción y práctica del deporte y la recreación del pueblo, así como para la preparación, atención y desarrollo de los talentos deportivos.

Artículo 75

Todas las personas tienen derecho a disfrutar de un medio ambiente sano y equilibrado.

El Estado protege el medio ambiente y los recursos naturales del país. Reconoce su estrecha vinculación con el desarrollo sostenible de la economía y la sociedad para hacer más racional la vida humana y asegurar la supervivencia, el bienestar y la seguridad de las generaciones actuales y futuras.

Artículo 76
Todas las personas tienen derecho al agua.

El Estado crea las condiciones para garantizar el acceso al agua potable y a su saneamiento, con la debida retribución y uso racional.

Artículo 77
Todas las personas tienen derecho a la alimentación sana y adecuada. El Estado crea las condiciones para fortalecer la seguridad alimentaria de toda la población.

Artículo 78
Todas las personas tienen derecho a consumir bienes y servicios de calidad y que no atenten contra su salud, y a acceder a información precisa y veraz sobre estos, así como a recibir un trato equitativo y digno de conformidad con la ley.

Artículo 79
Todas las personas tienen derecho a participar en la vida cultural y artística de la nación.

El Estado promueve la cultura y las distintas manifestaciones artísticas, de conformidad con la política cultural y la ley.

Artículo 80
Los ciudadanos cubanos tienen derecho a participar en la conformación, ejercicio y control del poder del Estado; en razón a esto pueden, de conformidad con la Constitución y las leyes:

a. estar inscriptos en el registro electoral;

b. proponer y nominar candidatos;

c. elegir y ser elegidos;

d. participar en elecciones, plebiscitos, referendos, consultas populares y otras formas de participación democrática;

e. pronunciarse sobre la rendición de cuenta que les presentan los elegidos;

f. revocar el mandato de los elegidos;

g. ejercer la iniciativa legislativa y de reforma de la Constitución;

h. desempeñar funciones y cargos públicos, y

i. estar informados de la gestión de los órganos y autoridades del Estado.

Capítulo III. Las familias

Artículo 81

Toda persona tiene derecho a fundar una familia. El Estado reconoce y protege a las familias, cualquiera sea su forma de organización, como célula fundamental de la sociedad y crea las condiciones para garantizar que se favorezca integralmente la consecución de sus fines.

Se constituyen por vínculos jurídicos o de hecho, de naturaleza afectiva, y se basan en la igualdad de derechos, deberes y oportunidades de sus integrantes.

La protección jurídica de los diversos tipos de familias es regulada por la ley.

Artículo 82

El matrimonio es una institución social y jurídica. Es una de las formas de organización de las familias. Se funda en el libre consentimiento y en la igualdad de derechos, obligaciones y capacidad legal de los cónyuges.

La ley determina la forma en que se constituye y sus efectos.

Se reconoce, además, la unión estable y singular con aptitud legal, que forme de hecho un proyecto de vida en común, que bajo las condiciones y circunstancias que señale la ley, genera los derechos y obligaciones que esta disponga.

Artículo 83

Todos los hijos tienen iguales derechos.

Se prohíbe toda calificación sobre la naturaleza de la filiación.

El Estado garantiza, mediante los procedimientos legales adecuados, la determinación y el reconocimiento de la maternidad y la paternidad.

Artículo 84

La maternidad y la paternidad son protegidas por el Estado.

Las madres y los padres tienen responsabilidades y funciones esenciales en la educación y formación integral de las nuevas generaciones en los valores morales, éticos y cívicos, en correspondencia con la vida en nuestra sociedad socialista.

Las madres y los padres u otros parientes consanguíneos o afines que cumplan funciones de guarda y cuidado tienen el deber de dar alimentos a niñas, niños y adolescentes, respetar y garantizar el pleno ejercicio de sus derechos, protegerlos de todos los tipos de violencia y contribuir activamente al desarrollo pleno de su personalidad.

Los hijos, a su vez, están obligados a respetar, atender y proteger a sus madres, padres y otros parientes, conforme con lo establecido en la ley.

Artículo 85
La violencia familiar, en cualquiera de sus manifestaciones, se considera destructiva de las personas implicadas, de las familias y de la sociedad, y es sancionada por la ley.

Artículo 86
El Estado, la sociedad y las familias brindan especial protección a las niñas, niños y adolescentes y garantizan su desarrollo armónico e integral para lo cual tienen en cuenta su interés superior en las decisiones y actos que les conciernan.

Las niñas, niños y adolescentes son considerados plenos sujetos de derechos y gozan de aquellos reconocidos en esta Constitución, además de los propios de su especial condición de persona en desarrollo. Son protegidos contra todo tipo de violencia.

Artículo 87

El Estado, la sociedad y las familias reconocen a las personas jóvenes como activos participantes en la sociedad, a tales efectos crean las condiciones para el pleno ejercicio de sus derechos y su desarrollo integral.

Artículo 88

El Estado, la sociedad y las familias, en lo que a cada uno corresponde, tienen la obligación de proteger, asistir y facilitar las condiciones para satisfacer las necesidades y elevar la calidad de vida de las personas adultas mayores. De igual forma, respetar su autodeterminación, garantizar el ejercicio pleno de sus derechos y promover su integración y participación social.

Artículo 89

El Estado, la sociedad y las familias tienen la obligación de proteger, promover y asegurar el pleno ejercicio de los derechos de las personas en situación de discapacidad. El Estado crea las condiciones requeridas para su rehabilitación o el mejoramiento de su calidad de vida, su autonomía personal, su inclusión y participación social.

Capítulo IV. Deberes

Artículo 90

El ejercicio de los derechos y libertades previstos en esta Constitución implican responsabilidades. Son deberes de los ciudadanos cubanos, además de los otros establecidos en esta Constitución y las leyes:

    a. servir y defender la patria;
    b. cumplir la Constitución y demás normas jurídicas;
    c. respetar y proteger los símbolos patrios;
    d. contribuir a la financiación de los gastos públicos en la forma establecida por la ley;
    e. guardar el debido respeto a las autoridades y sus agentes;
    f. prestar servicio militar y social de acuerdo con la ley;
    g. respetar los derechos ajenos y no abusar de los propios;
    h. conservar, proteger y usar racionalmente los bienes y recursos que el Estado y la sociedad ponen al servicio de todo el pueblo;
    i. cumplir los requerimientos establecidos para la protección de la salud y la higiene ambiental;
    j. proteger los recursos naturales, la flora y la fauna y velar por la conservación de un medio ambiente sano;
    k. proteger el patrimonio cultural e histórico del país, y
    l. actuar, en sus relaciones con las personas, conforme al principio de solidaridad humana, respeto y observancia de las normas de convivencia social.

Capítulo V. Derechos y deberes de los extranjeros

Artículo 91

Los extranjeros residentes en el territorio de la República se equiparan a los cubanos:

    a. en la protección de sus personas y bienes;

b. en la obligación de observar la Constitución y demás normas jurídicas;

c. en la obligación de contribuir a la financiación de los gastos públicos en la forma y la cuantía que la ley establece;

d. en la sumisión a la jurisdicción y resoluciones de los tribunales de justicia y autoridades de la República, y

e. en el disfrute de los derechos y el cumplimiento de los deberes reconocidos en esta Constitución, bajo las condiciones y con las limitaciones que la ley fija.

La ley establece los casos y la forma en que los extranjeros pueden ser expulsados del territorio nacional y las autoridades facultadas para decidirlo.

Capítulo VI. Garantías de los derechos

Artículo 92

El Estado garantiza, de conformidad con la ley, que las personas puedan acceder a los órganos judiciales a fin de obtener una tutela efectiva de sus derechos e intereses legítimos. Las decisiones judiciales son de obligatorio cumplimiento y su irrespeto deriva responsabilidad para quien las incumpla.

Artículo 93

El Estado reconoce el derecho de las personas a resolver sus controversias utilizando métodos alternos de solución de conflictos, de conformidad con la Constitución y las normas jurídicas que se establezcan a tales efectos.

Artículo 94

Toda persona, como garantía a su seguridad jurídica, disfruta de un debido proceso tanto en el ámbito judicial como en el administrativo y, en consecuencia, goza de los derechos siguientes:

a. disfrutar de igualdad de oportunidades en todos los procesos en que interviene como parte;

b. recibir asistencia jurídica para ejercer sus derechos en todos los procesos en que interviene;

c. aportar los medios de prueba pertinentes y solicitar la exclusión de aquellos que hayan sido obtenidos violando lo establecido;

d. acceder a un tribunal competente, independiente e imparcial, en los casos que corresponda;

e. no ser privada de sus derechos sino por resolución fundada de autoridad competente o sentencia firme de tribunal;

f. interponer los recursos o procedimientos pertinentes contra las resoluciones judiciales o administrativas que correspondan;

g. tener un proceso sin dilaciones indebidas, y

h. obtener reparación por los daños materiales y morales e indemnización por los perjuicios que reciba.

Artículo 95

En el proceso penal las personas tienen, además, las siguientes garantías:

a. no ser privada de libertad sino por autoridad competente y por el tiempo legalmente establecido;

b. disponer de asistencia letrada desde el inicio del proceso;

c. que se le presuma inocente hasta tanto se dicte sentencia firme en su contra;

d. ser tratada con respeto a su dignidad e integridad física, psíquica y moral, y a no ser víctima de violencia y coacción de clase alguna para forzarla a declarar;

e. no declarar contra sí misma, su cónyuge, pareja de hecho o parientes hasta el cuarto grado de consanguinidad y segundo de afinidad;

f. ser informada sobre la imputación en su contra;

g. ser juzgada por un tribunal preestablecido legalmente y en virtud de leyes anteriores al delito;

h. comunicarse con sus familiares o personas allegadas, con inmediatez, en caso de ser detenida o arrestada; si se tratara de extranjeros se procede a la notificación consular, y

i. de resultar víctima, a disfrutar de protección para el ejercicio de sus derechos.

Artículo 96

Quien estuviere privado de libertad ilegalmente tiene derecho, por sí o a través de tercero, a establecer ante tribunal competente procedimiento de Habeas Corpus, conforme a las exigencias establecidas en la ley.

Artículo 97

Se reconoce el derecho de toda persona de acceder a sus datos personales en registros, archivos u otras bases de datos e información de carácter público, así como a interesar su no divulgación y obtener su debida corrección, rectificación, modificación, actualización o cancelación.

El uso y tratamiento de estos datos se realiza de conformidad con lo establecido en la ley.

Artículo 98

Toda persona que sufriere daño o perjuicio causado indebidamente por directivos, funcionarios y empleados del Estado con motivo del ejercicio de las funciones propias de sus cargos, tiene derecho a reclamar y obtener la correspondiente reparación o indemnización en la forma que establece la ley.

Artículo 99

La persona a la que se le vulneren los derechos consagrados en esta Constitución y, como consecuencia sufriere daño o perjuicio por órganos del Estado, sus directivos, funcionarios o empleados, con motivo de la acción u omisión indebida de sus funciones, así como por particulares o por entes no estatales, tiene derecho a reclamar ante los tribunales la restitución de los derechos y obtener, de conformidad con la ley, la correspondiente reparación o indemnización.

La ley establece aquellos derechos amparados por esta garantía, y el procedimiento preferente, expedito y concentrado para su cumplimiento.

Artículo 100

En el ordenamiento jurídico rige el principio de irretroactividad de las leyes, salvo en materia penal cuando sean favorables a la persona encausada o sancionada, y en las demás leyes, cuando así lo dispongan expresamente, atendiendo a razones de interés social o utilidad pública.

Título VI. Estructura del Estado

Capítulo I. Principios de organización y funcionamiento de los órganos del Estado

Artículo 101

Los órganos del Estado se integran y desarrollan su actividad sobre la base de los principios de la democracia socialista que se expresan en las reglas siguientes:

a. todos los órganos representativos de poder del Estado son electivos y renovables;

b. el pueblo controla la actividad de los órganos estatales, de sus directivos y funcionarios, de los diputados y de los delegados, de conformidad con lo previsto en la ley;

c. los elegidos tienen el deber de rendir cuenta de su actuación periódicamente y pueden ser revocados de sus cargos en cualquier momento;

d. los órganos estatales de acuerdo a sus funciones y en el marco de su competencia desarrollan las iniciativas encaminadas al aprovechamiento de los recursos y posibilidades locales y la incorporación de las organizaciones de masas y sociales a su actividad;

e. las disposiciones de los órganos estatales superiores son obligatorias para los inferiores;

f. los órganos estatales inferiores responden ante los superiores y les rinden cuenta de su gestión;

g. la libertad de discusión, el ejercicio de la crítica y la autocrítica y la subordinación de la minoría a la mayoría rigen en todos los órganos estatales colegiados, y

h. los órganos del Estado, sus directivos y funcionarios actúan con la debida transparencia.

Capítulo II. Asamblea Nacional del Poder Popular y consejo de estado

Sección primera. Asamblea Nacional del Poder Popular

Artículo 102
La Asamblea Nacional del Poder Popular es el órgano supremo del poder del Estado. Representa a todo el pueblo y expresa su voluntad soberana.

Artículo 103
La Asamblea Nacional del Poder Popular es el único órgano con potestad constituyente y legislativa en la República.

Artículo 104
La Asamblea Nacional del Poder Popular está integrada por diputados elegidos por el voto libre, igual, directo y secreto de los electores, en la proporción y según el procedimiento que determina la ley.

Artículo 105
La Asamblea Nacional del Poder Popular es elegida por un período de cinco años.

Este período solo podrá extenderse por la propia Asamblea mediante acuerdo adoptado por una mayoría no inferior a las dos terceras partes del número total de sus integrantes, en caso de circunstancias excepcionales que impidan la celebración normal de las elecciones y mientras subsistan tales circunstancias.

Artículo 106

La Asamblea Nacional del Poder Popular, al constituirse para una nueva legislatura, elige, de entre sus diputados, a su Presidente, al Vicepresidente y al Secretario.

La ley regula la forma y el procedimiento mediante los cuales se constituye la Asamblea y realiza esa elección.

Artículo 107

La Asamblea Nacional del Poder Popular elige, de entre sus diputados, al Consejo de Estado, órgano que la representa entre uno y otro período de sesiones, ejecuta sus acuerdos y cumple las demás funciones que la Constitución y la ley le atribuyen.

Artículo 108

Corresponde a la Asamblea Nacional del Poder Popular:

a. acordar reformas de la Constitución, conforme a lo establecido en el Título XI;
b. dar a la Constitución y a las leyes, en caso necesario, una interpretación general y obligatoria, en correspondencia con el procedimiento previsto en la ley;
c. aprobar, modificar o derogar las leyes y someterlas previamente a la consulta popular cuando lo estime procedente, en atención a la índole de la legislación de que se trate;
d. adoptar acuerdos en correspondencia con las leyes vigentes y controlar su cumplimiento;

e. ejercer el control de constitucionalidad sobre las leyes, decretos-leyes, decretos presidenciales, decretos y demás disposiciones generales, de conformidad con el procedimiento previsto en la ley;

f. ratificar los decretos-leyes y acuerdos del Consejo de Estado;

g. revocar total o parcialmente los decretos-leyes, decretos presidenciales, decretos, acuerdos o disposiciones generales que contradigan la Constitución o las leyes;

h. revocar total o parcialmente los acuerdos o disposiciones de las asambleas municipales del Poder Popular que contravengan la Constitución, las leyes, los decretos-leyes, los decretos presidenciales, decretos y demás disposiciones dictadas por órganos competentes, o los que afecten los intereses de otras localidades o los generales del país;

i. discutir y aprobar los objetivos generales y metas de los planes a corto, mediano y largo plazos, en función del desarrollo económico y social;

j. aprobar los principios del sistema de dirección del desarrollo económico y social;

k. discutir y aprobar el presupuesto del Estado y controlar su cumplimiento;

l. acordar los sistemas monetario, financiero y fiscal;

m. establecer, modificar o extinguir los tributos;

n. aprobar los lineamientos generales de la política exterior e interior;

ñ. declarar el Estado de Guerra o la Guerra en caso de agresión militar y aprobar los tratados de paz;

o. establecer y modificar la división político-administrativa; aprobar regímenes de subordinación administrativa, sistemas de regulación especiales a municipios u otras demarcaciones territoriales y a los distritos administrativos, conforme a lo establecido en la Constitución y las leyes;

p. nombrar comisiones permanentes, temporales y grupos parlamentarios de amistad;

q. ejercer la más alta fiscalización sobre los órganos del Estado;

r. conocer y evaluar los informes y análisis de los sistemas empresariales estatales que, por su magnitud y trascendencia económica y social, sean pertinentes;

s. conocer, evaluar y adoptar decisiones sobre los informes de rendición de cuenta que le presenten el Consejo de Estado, el Presidente de la República, el Primer Ministro, el Consejo de Ministros, el Tribunal Supremo Popular, la Fiscalía General de la República, la Contraloría General de la República y los organismos de la Administración Central del Estado, así como los gobiernos provinciales;

t. crear o extinguir los organismos de la Administración Central del Estado o disponer cualquier otra medida organizativa que resulte procedente;

u. conceder amnistías;

v. disponer la convocatoria a referendos o a plebiscitos en los casos previstos en la Constitución y en otros que la propia Asamblea considere procedente;

w. acordar su reglamento y el del Consejo de Estado, y

x. las demás atribuciones que le confiere esta Constitución.

Artículo 109

La Asamblea Nacional del Poder Popular, en ejercicio de sus atribuciones:

a. elige al Presidente y al Vicepresidente de la República;
b. elige a su Presidente, Vicepresidente y Secretario;

c. elige a los integrantes del Consejo de Estado;

d. designa, a propuesta del Presidente de la República, al Primer Ministro;

e. designa, a propuesta del Presidente de la República, a los Viceprimeros Ministros y demás miembros del Consejo de Ministros;

f. elige al Presidente del Tribunal Supremo Popular, al Fiscal General de la República y al Contralor General de la República;

g. elige al Presidente y a los demás integrantes del Consejo Electoral Nacional;

h. elige a los vicepresidentes y a los magistrados del Tribunal Supremo Popular, así como a los jueces legos de esta instancia;

i. elige a los vicefiscales y vicecontralores generales de la República, y

j. revoca o sustituye a las personas elegidas o designadas por ella.

La ley regula el procedimiento para hacer efectivas estas atribuciones.

Artículo 110

La Asamblea Nacional del Poder Popular en su funcionamiento se rige por los principios siguientes:

a. las leyes y acuerdos que emite, salvo las excepciones previstas en la Constitución, se adoptan por mayoría simple de votos;

b. se reúne en dos períodos ordinarios de sesiones al año y en sesión extraordinaria cuando la convoque el Consejo de Estado o lo solicite la tercera parte de sus miembros. En las sesiones extraordinarias se tratan los asuntos que la motivaron;

c. para celebrar sus sesiones se requiere la presencia de más de la mitad del número total de los diputados que la integran, y

d. sus sesiones son públicas, excepto cuando la propia Asamblea acuerde celebrarlas a puertas cerradas por razón de interés de Estado.

Artículo 111

Corresponde al Presidente de la Asamblea Nacional del Poder Popular:

a. cumplir y velar por el respeto a la Constitución y las leyes;

b. presidir las sesiones de la Asamblea Nacional del Poder Popular y del Consejo de Estado;

c. convocar las sesiones ordinarias de la Asamblea Nacional;

d. convocar las sesiones ordinarias y extraordinarias del Consejo de Estado;

e. proponer el proyecto de orden del día de las sesiones de la Asamblea Nacional y del Consejo de Estado;

f. firmar las leyes, decretos-leyes y acuerdos adoptados por la Asamblea Nacional del Poder Popular y el Consejo de Estado, según corresponda, y disponer la publicación de los decretos-leyes y acuerdos en la Gaceta Oficial de la República;

g. dirigir las relaciones internacionales de la Asamblea Nacional del Poder Popular;

h. dirigir y organizar la labor de las comisiones permanentes y temporales que sean creadas por la Asamblea Nacional del Poder Popular o el Consejo de Estado, según corresponda;

i. dirigir y organizar las relaciones de la Asamblea Nacional del Poder Popular y del Consejo de Estado con los órganos estatales;

j. controlar el cumplimiento de los acuerdos de la Asamblea Nacional del Poder Popular y del Consejo de Estado;

k. velar por el adecuado vínculo entre los diputados y los electores, y

l. las demás atribuciones que por esta Constitución, la Asamblea Nacional del Poder Popular o el Consejo de Estado se le asignen.

Artículo 112

En caso de ausencia, enfermedad o muerte del Presidente de la Asamblea Nacional del Poder Popular, lo sustituye en sus funciones el Vicepresidente, conforme a lo establecido en la ley.

Sección segunda. Diputados y comisiones de la Asamblea Nacional del Poder Popular

Artículo 113

Los diputados tienen el deber de desarrollar sus labores en beneficio de los intereses del pueblo, mantener vínculo con sus electores, atender sus planteamientos, sugerencias, críticas y explicarles la política del Estado. Asimismo, rendirán cuenta del cumplimiento de sus funciones como tal, según lo establecido en la ley.

La Asamblea Nacional del Poder Popular adopta las medidas que garanticen la adecuada vinculación de los diputados con sus electores y con los órganos locales del Poder Popular en el territorio donde fueron elegidos.

Artículo 114
Ningún diputado puede ser detenido ni sometido a proceso penal sin autorización de la Asamblea Nacional del Poder Popular o del Consejo de Estado si no está reunida aquella, salvo en caso de delito flagrante.

Artículo 115
La condición de diputado no entraña privilegios personales ni beneficios económicos. Durante el tiempo que empleen en el desempeño efectivo de sus funciones, los diputados perciben la misma remuneración de su centro de trabajo y mantienen el vínculo con este, a los efectos pertinentes.

Artículo 116
A los diputados les puede ser revocado su mandato en cualquier momento, en la forma, por las causas y según los procedimientos establecidos en la ley.

Artículo 117
Los diputados, en el curso de las sesiones de la Asamblea Nacional del Poder Popular, tienen el derecho de hacer preguntas al Consejo de Estado y al Consejo de Ministros o a los miembros de uno y otro, y a que estas les sean respondidas en el curso de la misma o en la próxima sesión.

Artículo 118

La Asamblea Nacional del Poder Popular para el mejor ejercicio de sus funciones crea comisiones permanentes y temporales integradas por diputados, conforme a los principios de organización y funcionamiento previstos en la ley.

Artículo 119

Los diputados y las comisiones tienen el derecho de solicitar a los órganos estatales o entidades la colaboración necesaria para el cumplimiento de sus funciones, y estos están en la obligación de prestarla en los términos establecidos en la ley.

Sección tercera. Consejo de Estado

Artículo 120

El Consejo de Estado tiene carácter colegiado, es responsable ante la Asamblea Nacional del Poder Popular y le rinde cuenta de todas sus actividades.

Los decretos-leyes y acuerdos que adopte el Consejo de Estado se someten a la ratificación de la Asamblea Nacional en la sesión más próxima.

Artículo 121

El Presidente, el Vicepresidente y el Secretario de la Asamblea Nacional del Poder Popular, lo son a su vez del Consejo de Estado, el que está integrado por los demás miembros que aquella decida.

No pueden integrar el Consejo de Estado los miembros del Consejo de Ministros, ni las máximas autoridades de los órganos judiciales, electorales y de control estatal.

Artículo 122

Corresponde al Consejo de Estado:

a. velar por el cumplimiento de la Constitución y las leyes;
b. dar a las leyes vigentes, en caso necesario, una interpretación general y obligatoria;
c. dictar decretos-leyes y acuerdos;
d. disponer la celebración de sesiones extraordinarias de la Asamblea Nacional del Poder Popular;
e. convocar y acordar la fecha de las elecciones para la renovación periódica de la Asamblea Nacional del Poder Popular y de las asambleas municipales del Poder Popular;
f. analizar los proyectos de leyes que se someten a la consideración de la Asamblea Nacional del Poder Popular;
g. exigir el cumplimiento de los acuerdos de la Asamblea Nacional del Poder Popular;
h. suspender los decretos presidenciales, decretos, acuerdos y demás disposiciones que contradigan la Constitución y las leyes, dando cuenta a la Asamblea Nacional del Poder Popular en la primera sesión que celebre después de acordada dicha suspensión;
i. suspender los acuerdos y disposiciones de las asambleas municipales del Poder Popular que no se ajusten a la Constitución o a las leyes, los decretos-leyes, los decretos presidenciales, decretos y demás disposiciones dictadas por órganos competentes; o los que afecten los intereses de otras localidades o los generales del país, dando cuenta a la Asamblea

Nacional del Poder Popular en la primera sesión que celebre después de acordada dicha suspensión;

j. revocar o modificar los acuerdos y demás disposiciones de los gobernadores y consejos provinciales que contravengan la Constitución, las leyes, los decretos-leyes, los decretos presidenciales, decretos y demás disposiciones dictadas por un órgano de superior jerarquía, o cuando afecten los intereses de otras localidades o los generales del país;

k. elegir, designar, suspender, revocar o sustituir, entre uno y otro período de sesiones de la Asamblea Nacional del Poder Popular, a quienes deban ocupar los cargos que le corresponde a esta decidir, a excepción del Presidente y Vicepresidente de la República, el Presidente, Vicepresidente y Secretario de la Asamblea Nacional del Poder Popular, a los integrantes del Consejo de Estado y al Primer Ministro. Al Presidente del Tribunal Supremo Popular, al Fiscal General de la República, al Contralor General de la República y al Presidente del Consejo Electoral Nacional, solo los puede suspender del ejercicio de sus responsabilidades.

En todos los casos, da cuenta a la Asamblea Nacional del Poder Popular en su sesión más próxima, a los efectos que corresponda;

l. asumir, a propuesta del Presidente de la República, las facultades de declarar el Estado de Guerra o la Guerra en caso de agresión o concertar la paz, que la Constitución atribuye a la Asamblea Nacional del Poder Popular, cuando esta se halle en receso y no pueda ser convocada con la seguridad y urgencia necesarias;

m. impartir instrucciones de carácter general a los tribunales a través del Consejo de Gobierno del Tribunal Supremo Popular;

n. crear comisiones;

ñ. ratificar y denunciar tratados internacionales;

o. designar y remover, a propuesta del Presidente de la República, a los jefes de misiones diplomáticas de Cuba ante otros Estados, organismos u organizaciones internacionales;

p. ejercer el control y fiscalización de los órganos del Estado;

q. durante los períodos que medien entre una y otra sesión de la Asamblea Nacional del Poder Popular, crear o extinguir los organismos de la Administración Central del Estado o disponer cualquier otra medida organizativa que resulte procedente;

r. aprobar las modalidades de inversión extranjera que le corresponden;

s. examinar y aprobar, entre uno y otro período de sesiones de la Asamblea Nacional del Poder Popular, los ajustes que sean necesarios realizar al presupuesto del Estado;

t. coordinar y garantizar las actividades de los diputados y de las comisiones permanentes y temporales de trabajo de la Asamblea Nacional del Poder Popular, y

u. las demás atribuciones que le confieran la Constitución y las leyes o le encomiende la Asamblea Nacional del Poder Popular.

Artículo 123

Todas las decisiones del Consejo de Estado son adoptadas por el voto favorable de la mayoría simple de sus integrantes.

Artículo 124

El mandato confiado al Consejo de Estado por la Asamblea Nacional del Poder Popular expira al tomar posesión el nuevo Consejo de Estado elegido en virtud de las renovaciones periódicas de aquella.

Capítulo III. Presidente y vicepresidente de la república

Artículo 125
El Presidente de la República es el Jefe del Estado.

Artículo 126
El Presidente de la República es elegido por la Asamblea Nacional del Poder Popular de entre sus diputados, por un período de cinco años, y le rinde cuenta a esta de su gestión.

Para ser elegido Presidente de la República se requiere el voto favorable de la mayoría absoluta.

El Presidente de la República puede ejercer su cargo hasta dos períodos consecutivos, luego de lo cual no puede desempeñarlo nuevamente.

Artículo 127
Para ser Presidente de la República se requiere haber cumplido treinta y cinco años de edad, hallarse en pleno goce de los derechos civiles y políticos, ser ciudadano cubano por nacimiento y no tener otra ciudadanía.

Se exige además tener hasta sesenta años de edad para ser elegido en este cargo en un primer período.

Artículo 128
Corresponde al Presidente de la República:

a. cumplir y velar por el respeto a la Constitución y las leyes;

b. representar al Estado y dirigir su política general;

c. dirigir la política exterior, las relaciones con otros Estados y la relativa a la defensa y la seguridad nacional;

d. refrendar las leyes que emita la Asamblea Nacional del Poder Popular y disponer su publicación en la Gaceta Oficial de la República, de conformidad con lo previsto en la ley;

e. presentar a la Asamblea Nacional del Poder Popular, una vez elegido por esta, en esa sesión o en la próxima, los miembros del Consejo de Ministros;

f. proponer a la Asamblea Nacional del Poder Popular o al Consejo de Estado, según corresponda, la elección, designación, suspensión, revocación o sustitución en sus funciones del Primer Ministro, del Presidente del Tribunal Supremo Popular, del Fiscal General de la República, del Contralor General de la República, del Presidente del Consejo Electoral Nacional y de los miembros del Consejo de Ministros;

g. proponer a los delegados de las asambleas municipales del Poder Popular que correspondan, la elección o revocación de los gobernadores y vicegobernadores provinciales;

h. conocer, evaluar y adoptar decisiones sobre los informes de rendición de cuenta que le presente el Primer Ministro sobre su gestión, la del Consejo de Ministros o la de su Comité Ejecutivo;

i. desempeñar la Jefatura Suprema de las instituciones armadas y determinar su organización general;

j. presidir el Consejo de Defensa Nacional y proponer a la Asamblea Nacional del Poder Popular o al Consejo de Estado, según proceda, declarar el Estado de Guerra o la Guerra en caso de agresión militar;

k. decretar la Movilización General cuando la defensa del país lo exija, así como declarar el Estado de Emergencia y la Situación de Desastre, en los casos previstos en la Constitución, dando cuenta de su decisión, tan pronto las circunstancias lo permitan, a la Asamblea Nacional del Poder Popular o al Consejo de Estado, de no poder reunirse aquella, a los efectos legales procedentes;

l. ascender en grado y cargo a los oficiales de mayor jerarquía de las instituciones armadas de la nación y disponer el cese de estos, de conformidad con el procedimiento previsto en la ley;

m. decidir, en los casos que le corresponda, el otorgamiento de la ciudadanía cubana, aceptar las renuncias y disponer sobre la privación de esta;

n. proponer, de conformidad con lo previsto en la Constitución y la ley, la suspensión, modificación o revocación de las disposiciones y acuerdos de los órganos del Estado que contradigan la Constitución, las leyes o afecten los intereses generales del país;

ñ. dictar, en el ejercicio de sus atribuciones, decretos presidenciales y otras disposiciones;

o. crear comisiones o grupos de trabajo temporales para la realización de tareas específicas;

p. proponer al Consejo de Estado la designación o remoción de los jefes de misiones diplomáticas de Cuba ante otros Estados, organismos u organizaciones internacionales;

q. conceder o retirar el rango de embajador de la República de Cuba;

r. otorgar condecoraciones y títulos honoríficos;

s. otorgar o negar, en representación de la República de Cuba, el beneplácito a los jefes de misiones diplomáticas de otros Estados;

t. recibir las cartas credenciales de los jefes de las misiones extranjeras. El Vicepresidente podrá asumir esta función excepcionalmente;

u. conceder indultos y solicitar a la Asamblea Nacional del Poder Popular la concesión de amnistías;

v. participar por derecho propio en las reuniones del Consejo de Estado y convocarlas cuando lo considere;

w. presidir las reuniones del Consejo de Ministros o su Comité Ejecutivo, y

x. las demás atribuciones que por la Constitución o las leyes se le asignen.

Artículo 129

Para ser Vicepresidente de la República se requiere haber cumplido treinta y cinco años de edad, hallarse en pleno goce de los derechos civiles y políticos, ser ciudadano cubano por nacimiento y no tener otra ciudadanía.

Es elegido de la misma forma, por igual período y limitación de mandato que el Presidente de la República.

Artículo 130

El Vicepresidente de la República cumple las atribuciones que le sean delegadas o asignadas por el Presidente de la República.

Artículo 131

En caso de ausencia, enfermedad o muerte del Presidente de la República, lo sustituye temporalmente en sus funciones el Vicepresidente.

Cuando la ausencia es definitiva, la Asamblea Nacional del Poder Popular elige al nuevo Presidente de la República.

Cuando quede vacante el cargo de Vicepresidente de la República, la Asamblea Nacional del Poder Popular elige a su sustituto.

Si la ausencia es definitiva, tanto del Presidente como del Vicepresidente de la República, la Asamblea Nacional del Poder Popular elige a sus sustitutos. Hasta tanto se realice la elección, el Presidente de la Asamblea Nacional del Poder Popular asume interinamente el cargo de Presidente de la República.

La ley regula el procedimiento para su cumplimiento.

Artículo 132

El Presidente y Vicepresidente de la República se mantienen en sus cargos hasta la elección de sus sucesores por la Asamblea Nacional del Poder Popular.

Capítulo IV. Gobierno de la república

Sección primera. Consejo de ministros

Artículo 133
El Consejo de Ministros es el máximo órgano ejecutivo y administrativo y constituye el Gobierno de la República.

Artículo 134
El Consejo de Ministros está integrado por el Primer Ministro, los Viceprimeros Ministros, los Ministros, el Secretario y los otros miembros que determine la ley.

En las sesiones del Consejo de Ministros participa, por derecho propio, el Secretario General de la Central de Trabajadores de Cuba.

Artículo 135
El Primer Ministro, los Viceprimeros Ministros, el Secretario y otros miembros del Consejo de Ministros que determine el Presidente de la República, integran su Comité Ejecutivo.

El Comité Ejecutivo puede decidir sobre las cuestiones atribuidas al Consejo de Ministros, durante los períodos que medien entre una y otra de sus reuniones.

Artículo 136
El Consejo de Ministros es responsable y periódicamente rinde cuenta de sus actividades ante la Asamblea Nacional del Poder Popular.

Artículo 137
Corresponde al Consejo de Ministros:

a. cumplir y velar por el cumplimiento de la Constitución y las leyes;

b. organizar y dirigir la ejecución de las actividades políticas, económicas, culturales, científicas, sociales y de la defensa acordadas por la Asamblea Nacional del Poder Popular;

c. proponer los objetivos generales y metas para la elaboración de los planes a corto, mediano y largo plazos en función del desarrollo económico y social del Estado, y una vez aprobados por la Asamblea Nacional del Poder Popular, organizar, dirigir y controlar su ejecución;

d. aprobar y someter a la ratificación del Consejo de Estado los tratados internacionales;

e. dirigir y controlar el comercio exterior y la inversión extranjera;

f. elaborar el proyecto de Presupuesto del Estado y, una vez aprobado por la Asamblea Nacional del Poder Popular, velar por su ejecución;

g. implementar y exigir el cumplimiento de los objetivos aprobados para fortalecer los sistemas monetario, financiero y fiscal;

h. elaborar proyectos legislativos y someterlos a la consideración de la Asamblea Nacional del Poder Popular o del Consejo de Estado, según proceda;

i. proveer a la defensa nacional, al mantenimiento de la seguridad y orden interior, y a la protección de los derechos ciudadanos, así como a la salvaguarda de vidas y bienes en caso de desastres;

j. dirigir la administración del Estado, así como unificar, coordinar y fiscalizar la actividad de los organismos de la

Administración Central del Estado, de las entidades nacionales y de las administraciones locales;

k. evaluar y adoptar decisiones sobre los informes de rendición de cuenta que le presenten los gobernadores provinciales;

l. crear, modificar o extinguir entidades subordinadas o adscriptas al Consejo de Ministros y, en lo que le corresponda, a los organismos de la Administración Central del Estado;

m. orientar y controlar la gestión de los gobernadores provinciales;

n. aprobar o autorizar las modalidades de inversión extranjera que le correspondan;

ñ. ejecutar las leyes y acuerdos de la Asamblea Nacional del Poder Popular, así como los decretos-leyes y disposiciones del Consejo de Estado, los decretos presidenciales y, en caso necesario, reglamentar lo que corresponda;

o. dictar decretos y acuerdos sobre la base y en cumplimiento de las leyes vigentes y controlar su ejecución;

p. proponer al Consejo de Estado la suspensión de los acuerdos de las asambleas municipales del Poder Popular que contravengan las leyes y demás disposiciones vigentes, o que afecten los intereses de otras comunidades o los generales del país;

q. suspender los acuerdos y demás disposiciones de los consejos provinciales y de los consejos de la administración municipal que no se ajusten a la Constitución, las leyes, decretos-leyes, decretos presidenciales, decretos y demás disposiciones de los órganos superiores, o cuando afecten los intereses de otras localidades o los generales del país, dando cuenta al Consejo de Estado o a la Asamblea Municipal del Poder Popular, a los efectos que proceda según corresponda;

r. revocar total o parcialmente las disposiciones que emitan los gobernadores provinciales, cuando contravengan la Constitución, las leyes, los decretos-leyes, decretos presidenciales, decretos y demás disposiciones dictadas por órganos competentes, o los que afecten los intereses de otras localidades o los generales del país;

s. revocar total o parcialmente las disposiciones de los jefes de organismos de la Administración Central del Estado, cuando contravengan las normas superiores que les sean de obligatorio cumplimiento;

t. crear las comisiones que estime necesarias para facilitar el cumplimiento de las tareas que le están asignadas;

u. designar o sustituir a los directivos y funcionarios de acuerdo con las facultades que le confiere la ley;

v. someter a la aprobación de la Asamblea Nacional del Poder Popular o del Consejo de Estado su reglamento, y

w. las demás atribuciones que le confieran la Constitución, las leyes o le encomiende la Asamblea Nacional del Poder Popular o el Consejo de Estado.

Artículo 138

El Consejo de Ministros tiene carácter colegiado y sus decisiones son adoptadas por el voto favorable de la mayoría simple de sus integrantes.

Artículo 139

El Consejo de Ministros se mantiene en funciones hasta tanto sea designado el Gobierno en la nueva legislatura.

Sección segunda. Primer ministro

Artículo 140
El Primer Ministro es el Jefe de Gobierno de la República.

Artículo 141
El Primer Ministro es designado por la Asamblea Nacional del Poder Popular, a propuesta del Presidente de la República, por un período de cinco años.

Para ser designado Primer Ministro se requiere el voto favorable de la mayoría absoluta.

Artículo 142
El Primer Ministro es responsable ante la Asamblea Nacional del Poder Popular y ante el Presidente de la República, a los cuales rinde cuenta e informa de su gestión, de la del Consejo de Ministros o de su Comité Ejecutivo, en las ocasiones que se le indique.

Artículo 143
Para ser Primer Ministro se requiere ser diputado a la Asamblea Nacional del Poder Popular, haber cumplido treinta y cinco años de edad, hallarse en pleno goce de los derechos civiles y políticos, ser ciudadano cubano por nacimiento y no tener otra ciudadanía.

Artículo 144
Corresponde al Primer Ministro:

a. cumplir y velar por el respeto a la Constitución y las leyes;

b. representar al Gobierno de la República;

c. convocar y dirigir las sesiones del Consejo de Ministros o de su Comité Ejecutivo;

d. atender y controlar el desempeño de las actividades de los organismos de la Administración Central del Estado, de las entidades nacionales y de las administraciones locales;

e. asumir, con carácter excepcional y temporalmente, la dirección de cualquier organismo de la Administración Central del Estado;

f. solicitar al Presidente de la República que interese a los órganos pertinentes la sustitución de los integrantes del Consejo de Ministros y, en cada caso, proponer los sustitutos correspondientes;

g. ejercer el control sobre la labor de los jefes de los organismos de la Administración Central del Estado;

h. impartir instrucciones a los gobernadores provinciales y controlar su ejecución;

i. adoptar de forma excepcional decisiones sobre los asuntos ejecutivo-administrativos competencia del Consejo de Ministros, cuando el carácter apremiante de la situación o el tema a solucionar lo exijan, informándole posteriormente a ese órgano o a su Comité Ejecutivo;

j. designar o sustituir a los directivos y funcionarios, de acuerdo con las facultades que le confiere la ley;

k. firmar las disposiciones legales adoptadas por el Consejo de Ministros o por su Comité Ejecutivo y disponer su publicación en la Gaceta Oficial de la República;

l. crear comisiones o grupos de trabajo temporales para la realización de tareas específicas, y

m. cualquier otra atribución que le asignen la Constitución y las leyes.

Sección tercera. Miembros del consejo de ministros

Artículo 145
Corresponde a los miembros del Consejo de Ministros:

a. representar al Consejo de Ministros o a su Primer Ministro en las circunstancias que así se disponga;

b. cumplir los acuerdos y demás disposiciones del Consejo de Ministros y su Comité Ejecutivo que les correspondan e informar al respecto al Primer Ministro;

c. cumplir con las tareas que les asigne el Primer Ministro y ejercer las atribuciones que, en cada caso, este les delegue;

d. dirigir los asuntos y tareas del ministerio u organismo a su cargo, dictando las resoluciones y disposiciones necesarias;

e. dictar, cuando no sea atribución expresa de otro órgano estatal, las disposiciones que se requieran para la ejecución y aplicación de las leyes, decretos-leyes y otras disposiciones que les conciernen;

f. asistir a las sesiones del Consejo de Ministros, con voz y voto, y presentar a este proyectos de leyes, decretos-leyes, decretos, resoluciones, acuerdos o cualquier otra proposición que estimen conveniente;

g. designar o sustituir a los directivos y funcionarios de acuerdo con las facultades que les confiere la ley, y

h. cualquier otra atribución que les asignen la Constitución y las leyes.

Sección cuarta. Administración central del estado

Artículo 146
El número, denominación, misión y funciones de los ministerios y demás organismos que forman parte de la Administración Central del Estado son determinados por la ley.

Capítulo V. Tribunales de justicia

Artículo 147
La función de impartir justicia dimana del pueblo y es ejercida a nombre de este por el Tribunal Supremo Popular y los demás tribunales que la ley instituye.

La ley establece los principales objetivos de la actividad judicial y regula la organización de los tribunales; la jurisdicción y la extensión de su competencia; la forma en que se constituyen para los actos de impartir justicia; la participación de los jueces legos; los requisitos que deben reunir los magistrados del Tribunal Supremo Popular y demás jueces; la forma de elección de estos y las causas y procedimientos para la revocación o cese en el ejercicio de sus funciones.

Artículo 148
Los tribunales constituyen un sistema de órganos estatales, estructurados con independencia funcional de cualquier otro.

El Tribunal Supremo Popular ejerce la máxima autoridad judicial y sus decisiones son definitivas.

A través de su Consejo de Gobierno ejerce la iniciativa legislativa y la potestad reglamentaria, toma decisiones y dicta normas de obligado cumplimiento por todos los tribunales y, sobre la base de la experiencia de estos, imparte instrucciones de carácter obligatorio para establecer una práctica judicial uniforme en la interpretación y aplicación de la ley.

Artículo 149

Los magistrados y jueces legos del Tribunal Supremo Popular son elegidos por la Asamblea Nacional del Poder Popular o, en su caso, por el Consejo de Estado.

La ley determina la elección de los demás jueces.

Artículo 150

Los magistrados y jueces, en su función de impartir justicia, son independientes y no deben obediencia más que a la ley.

Asimismo, son inamovibles en su condición mientras no concurran causas legales para el cese o revocación en sus funciones.

Artículo 151

Las sentencias y demás resoluciones firmes de los tribunales, dictadas dentro de los límites de su competencia, son de obligatorio cumplimiento por los órganos del Estado, las entidades y los ciudadanos, tanto por los directamente afectados por ellos como por los que no teniendo interés directo en su ejecución tengan que intervenir en esta.

Artículo 152

En los actos judiciales que participen jueces legos, estos tienen iguales derechos y deberes que los jueces profesionales. El desempeño de sus funciones judiciales, dada su importancia social, tiene prioridad con respecto a su ocupación laboral habitual.

Artículo 153

En todos los tribunales las audiencias son públicas, a menos que razones de seguridad estatal, moralidad, orden público o el respeto a la persona agraviada por el delito o a sus familiares, aconsejen celebrarlas a puertas cerradas.

Artículo 154

El Tribunal Supremo Popular rinde cuenta ante la Asamblea Nacional del Poder Popular de los resultados de su trabajo en la forma y con la periodicidad que establece la ley.

Artículo 155

La facultad de revocación de los magistrados y jueces corresponde al órgano que los elige.

Capítulo VI. Fiscalía general de la república

Artículo 156

La Fiscalía General de la República es el órgano del Estado que tiene como misión fundamental ejercer el control de la investigación penal y el ejercicio de la acción penal pública en representación del Estado, así como velar por el estricto cumplimiento de la Constitución, las leyes y demás disposiciones legales por los órganos del Estado, las entidades y por los ciudadanos.

La ley determina los demás objetivos y funciones, así como la forma, extensión y oportunidad en que la Fiscalía ejerce sus facultades.

Artículo 157
La Fiscalía General de la República constituye una unidad orgánica indivisible y con independencia funcional, subordinada al Presidente de la República.

Al Fiscal General de la República corresponde la dirección y reglamentación de la actividad de la Fiscalía en todo el territorio nacional.

Los órganos de la Fiscalía se organizan verticalmente en toda la nación, están subordinados solamente a la Fiscalía General de la República y son independientes de todo órgano local.

Artículo 158
El Fiscal General de la República y los vicefiscales generales son elegidos y pueden ser revocados, según corresponda, por la Asamblea Nacional del Poder Popular, o en su caso por el Consejo de Estado.

Artículo 159
La Fiscalía General de la República rinde cuenta de su gestión ante la Asamblea Nacional del Poder Popular en la forma y con la periodicidad que establece la ley.

Capítulo VII. Contraloría general de la república

Artículo 160
La Contraloría General de la República es el órgano del Estado que tiene como misión fundamental velar por la correcta y transparente administración de los fondos públicos y el control superior sobre la gestión administrativa.

La ley regula las demás funciones y aspectos relativos a su actuación.

Artículo 161
La Contraloría General de la República tiene independencia funcional respecto a cualquier otro órgano, está estructurada verticalmente en todo el país y se subordina al Presidente de la República.

El Contralor General de la República es su máxima autoridad y le corresponde la dirección y reglamentación de la actividad de la Contraloría en todo el territorio nacional.

Artículo 162
La Contraloría General de la República rinde cuenta de su gestión ante la Asamblea Nacional del Poder Popular en la forma y periodicidad prevista en la ley.

Artículo 163
El Contralor General de la República y los vicecontralores generales son elegidos o revocados, según corresponda, por la Asamblea Nacional del Poder Popular o el Consejo de Estado.

Capítulo VIII. De las disposiciones normativas

Sección primera. De la iniciativa legislativa

Artículo 164

La iniciativa de las leyes compete:

a. al Presidente de la República;
b. a los diputados de la Asamblea Nacional del Poder Popular;
c. al Consejo de Estado;
d. al Consejo de Ministros;
e. a las comisiones de la Asamblea Nacional del Poder Popular;
f. al Consejo Nacional de la Central de Trabajadores de Cuba y a las direcciones nacionales de las demás organizaciones de masas y sociales;
g. al Consejo de Gobierno del Tribunal Supremo Popular, en materia relativa a la administración de justicia;
h. a la Fiscalía General de la República, en materia de su competencia;
i. a la Contraloría General de la República, en materia de su competencia;
j. al Consejo Electoral Nacional, en materia electoral, y
k. a los ciudadanos. En este caso será requisito indispensable que ejerciten la iniciativa como mínimo diez mil electores.

La ley establece el procedimiento para hacer efectivo su ejercicio.

Sección segunda. De la elaboración, publicación y entrada en vigor

Artículo 165

Las leyes y decretos-leyes que emitan la Asamblea Nacional del Poder Popular o el Consejo de Estado, según corresponda, entran en vigor en la fecha que, en cada caso, determine la propia disposición normativa.

Las leyes, decretos-leyes, decretos presidenciales, decretos, resoluciones y demás disposiciones de interés general que se emitan por los órganos competentes se publican en la Gaceta Oficial de la República.

La ley establece el procedimiento para la elaboración, publicación y entrada en vigor de las disposiciones normativas.

Título VII. Organización territorial del estado

Artículo 166
El territorio nacional, para los fines político-administrativos, se divide en provincias y municipios; su número, límites y denominación se establecen en la ley.

La ley podrá establecer otras divisiones y atribuir regímenes de subordinación administrativa y sistemas de regulación especiales a municipios u otras demarcaciones territoriales que se determine, atendiendo a su ubicación geográfica o importancia económica y social. En todos los casos se garantiza la representación del pueblo por medio de los órganos del Poder Popular.

En los municipios pueden organizarse distritos administrativos, de acuerdo con la ley.

Artículo 167
La provincia tiene personalidad jurídica propia a todos los efectos legales y se organiza por la ley como nivel intermedio entre las estructuras centrales del Estado y los municipios, con una extensión superficial equivalente a la del conjunto de municipios comprendidos en su demarcación territorial, bajo la dirección del Gobierno Provincial del Poder Popular.

Artículo 168
El municipio es la sociedad local, organizada por la ley, que constituye la unidad política-administrativa primaria y fundamental de la organización nacional; goza de autonomía y personalidad jurídica propias a todos los efectos legales,

con una extensión territorial determinada por necesarias relaciones de vecindad, económicas y sociales de su población e intereses de la nación, con el propósito de lograr la satisfacción de las necesidades locales. Cuenta con ingresos propios y las asignaciones que recibe del Gobierno de la República, en función del desarrollo económico y social de su territorio y otros fines del Estado, bajo la dirección de la Asamblea Municipal del Poder Popular.

Artículo 169

La autonomía del municipio comprende la elección o designación de sus autoridades, la facultad para decidir sobre la utilización de sus recursos y el ejercicio de las competencias que le corresponden, así como dictar acuerdos y disposiciones normativas necesarias para el ejercicio de sus facultades, según lo dispuesto en la Constitución y las leyes.

La autonomía se ejerce de conformidad con los principios de solidaridad, coordinación y colaboración con el resto de los territorios del país, y sin detrimento de los intereses superiores de la nación.

Título VIII. Órganos locales del poder popular

Capítulo I. Gobierno provincial del poder popular

Sección primera. Disposiciones generales

Artículo 170
En cada provincia rige un Gobierno Provincial del Poder Popular que funciona en estrecha vinculación con el pueblo, conformado por un Gobernador y un Consejo Provincial.

Artículo 171
El Gobierno Provincial del Poder Popular representa al Estado y tiene como misión fundamental el desarrollo económico y social de su territorio, conforme a los objetivos generales del país, y actúa como coordinador entre las estructuras centrales del Estado y los municipios, para lo cual contribuye a la armonización de los intereses propios de la provincia y sus municipios, y ejerce las atribuciones y funciones reconocidas en la Constitución y las leyes.

Artículo 172
El Gobierno Provincial del Poder Popular coadyuva al desarrollo de las actividades y al cumplimiento de los planes de las entidades establecidas en su territorio que no le estén subordinadas, conforme a lo dispuesto en la Constitución y las leyes.

Artículo 173

El Gobierno Provincial del Poder Popular en el ejercicio de sus funciones y atribuciones no puede asumir ni interferir en las que, por la Constitución y las leyes, se les confieren a los órganos municipales del Poder Popular.

Sección segunda. Gobernador y vicegobernador provincial

Artículo 174

El Gobernador es el máximo responsable ejecutivo-administrativo en su provincia.

Artículo 175

El Gobernador es elegido por los delegados de las asambleas municipales del Poder Popular correspondientes, a propuesta del Presidente de la República, por el período de cinco años y de conformidad con el procedimiento establecido en la ley.

Artículo 176

Para ser Gobernador se requiere ser ciudadano cubano por nacimiento y no tener otra ciudadanía, haber cumplido treinta años de edad, residir en la provincia y hallarse en el pleno goce de los derechos civiles y políticos.

Artículo 177

El Gobernador es responsable ante la Asamblea Nacional del Poder Popular, el Consejo de Estado, el Consejo de Ministros y el Consejo Provincial, a los que les rinde cuenta e informa de su gestión, en la oportunidad y sobre los temas que le soliciten.

Artículo 178

El Gobernador organiza y dirige la Administración Provincial para lo cual se asiste de la entidad administrativa correspondiente.

La ley determina la creación, estructura y funcionamiento de la Administración Provincial, así como sus relaciones con los órganos nacionales y municipales del Poder Popular.

Artículo 179

Corresponde al Gobernador:

a. cumplir y hacer cumplir, en lo que le concierne, la Constitución y las leyes;
b. convocar y presidir las reuniones del Consejo Provincial;
c. dirigir, coordinar y controlar la labor de las estructuras organizativas de la Administración Provincial y, en el marco de su competencia, dictar disposiciones normativas y adoptar las decisiones que correspondan;
d. exigir y controlar el cumplimiento del plan de la economía y la ejecución del presupuesto de la provincia, conforme a la política acordada por los órganos nacionales competentes;
e. exigir y controlar el cumplimiento de los planes de desarrollo y de ordenamiento territorial y urbano;
f. designar y sustituir a los directivos y funcionarios de la Administración Provincial, y someter a la ratificación del Consejo Provincial aquellos casos previstos por la ley;

g. presentar al Consejo de Ministros, previo acuerdo del Consejo Provincial, las propuestas de políticas que contribuyan al desarrollo integral de la provincia;

h. poner en conocimiento del Consejo de Ministros, previo acuerdo del Consejo Provincial, aquellas decisiones de los órganos de superior jerarquía que afecten los intereses de la comunidad o considere extralimitan las facultades de quien las adoptó;

i. suspender los acuerdos y disposiciones de los consejos de la Administración Municipal, que no se ajusten a la Constitución, las leyes, decretos-leyes, decretos presidenciales, decretos y demás disposiciones de los órganos del Estado, o cuando afecten los intereses de otras localidades o los generales del país, dando cuenta a la respectiva Asamblea Municipal del Poder Popular en la primera sesión que celebre después de dicha suspensión;

j. revocar o modificar las disposiciones que sean adoptadas por las autoridades administrativas provinciales a él subordinadas, que contravengan la Constitución, las leyes y demás disposiciones vigentes, o que afecten los intereses de otras comunidades o los generales del país;

k. crear comisiones o grupos temporales de trabajo;

l. disponer la publicación de los acuerdos del Consejo Provincial de interés general y controlar su ejecución; y

m. las demás atribuciones que por esta Constitución o las leyes se le asignen.

Artículo 180

El Vicegobernador es elegido en la misma forma, por igual período y se le exigen los mismos requisitos que al Gobernador.

Artículo 181

El Vicegobernador cumple las atribuciones que le delegue o asigne el Gobernador.

Asimismo, sustituye al Gobernador en caso de ausencia, enfermedad o muerte, conforme al procedimiento previsto en la ley.

Sección tercera. Consejo provincial

Artículo 182

El Consejo Provincial es el órgano colegiado y deliberativo que cumple las funciones previstas en esta Constitución y las leyes.

Sus decisiones son adoptadas por el voto favorable de la mayoría simple de sus integrantes.

El Consejo Provincial es presidido por el Gobernador e integrado por el Vicegobernador, los presidentes y vicepresidentes de las asambleas locales del Poder Popular correspondientes y los intendentes municipales.

Artículo 183

El Consejo Provincial celebra sus reuniones ordinarias con la periodicidad que fija la ley, y las extraordinarias cuando las convoque el Gobernador o las soliciten más de la mitad de sus integrantes.

Artículo 184

Corresponde al Consejo Provincial:

a. cumplir y hacer cumplir, en lo que le concierne, la Constitución, las leyes y demás disposiciones de carácter general, así como sus acuerdos;

b. aprobar y controlar, en lo que le corresponda, el plan de la economía y el presupuesto de la provincia;

c. adoptar acuerdos en el marco de la Constitución y las leyes;

d. orientar y coordinar en el territorio las actividades políticas, económicas, culturales, científicas, sociales, de la defensa y el orden interior, que por el Estado se dispongan;

e. evaluar los resultados de la gestión de las administraciones municipales y aprobar las acciones a realizar;

f. aprobar las propuestas de políticas que contribuyen al desarrollo integral de la provincia, antes de su presentación al Consejo de Ministros;

g. pronunciarse, a solicitud del Gobernador, sobre aquellas decisiones de los órganos competentes que afectan los intereses de la comunidad o considere extralimitan la facultad de quien las adoptó;

h. analizar periódicamente la atención brindada por las entidades radicadas en su territorio a los planteamientos de los electores y las quejas y peticiones de la población;

i. hacer recomendaciones al Gobernador sobre su informe de rendición de cuenta y otros temas que este le consulte;

j. proponer al Consejo de Estado la suspensión de los acuerdos o disposiciones de las asambleas municipales del Poder Popular de su demarcación, cuando contravengan las normas legales superiores o afecten los intereses de la comunidad;

k. proponer a la Asamblea Nacional del Poder Popular la revocación o modificación de los acuerdos o disposiciones de las asambleas municipales del Poder Popular de su demarcación, cuando contravengan las normas legales superiores o afecten los intereses de la comunidad;

l. crear comisiones o grupos temporales de trabajo, y

m. las demás atribuciones que la Constitución o las leyes le asignen.

Capítulo II. Órganos municipales del poder popular

Sección primera. Asamblea municipal del poder popular

Artículo 185

La Asamblea Municipal del Poder Popular es el órgano superior del poder del Estado en su demarcación y, en consecuencia, está investida de la más alta autoridad en su territorio; para ello, dentro del marco de su competencia, ejerce las atribuciones que la Constitución y las leyes le asignan.

Artículo 186

La Asamblea Municipal del Poder Popular está integrada por los delegados elegidos en cada circunscripción en que a los efectos electorales se divide su territorio, mediante el voto libre, igual, directo y secreto de los electores.

Artículo 187

La Asamblea Municipal del Poder Popular se renovará cada cinco años, que es el período de duración del mandato de sus delegados.

Dicho mandato solo podrá extenderse por decisión de la Asamblea Nacional del Poder Popular, en los supuestos previstos en la Constitución.

Artículo 188

La Asamblea Municipal del Poder Popular, al constituirse, elige de entre sus delegados a su Presidente y Vicepresidente, y designa a su Secretario, de conformidad con los requisitos y el procedimiento previsto en la ley.

El Presidente de la Asamblea Municipal del Poder Popular representa al Estado en su demarcación territorial.

La ley establece las atribuciones del Presidente, del Vicepresidente y del Secretario de la Asamblea Municipal del Poder Popular.

Artículo 189

Las sesiones ordinarias y extraordinarias de la Asamblea Municipal del Poder Popular son públicas, salvo en el caso que esta acuerde celebrarlas a puertas cerradas, por razón de interés de Estado o porque se traten en ellas asuntos referidos al decoro de las personas.

Artículo 190

En las sesiones de la Asamblea Municipal del Poder Popular se requiere para su validez la presencia de más de la mitad del número total de sus integrantes. Sus acuerdos se adoptan por mayoría simple de votos.

Artículo 191

Corresponde a la Asamblea Municipal del Poder Popular:

a. cumplir y hacer cumplir la Constitución, las leyes y demás disposiciones normativas de carácter general;

b. aprobar y controlar, en lo que le corresponda, el plan de la economía, el presupuesto y el plan de desarrollo integral del municipio;

c. aprobar el plan de ordenamiento territorial y urbano, y controlar su cumplimiento;

d. elegir, designar, revocar o sustituir al Presidente, al Vicepresidente y al Secretario de la propia Asamblea, según corresponda;

e. designar o sustituir al Intendente Municipal, a propuesta del Presidente de la propia Asamblea;

f. designar o sustituir al resto de los miembros del Consejo de la Administración Municipal, a propuesta de su Intendente;

g. adoptar acuerdos y dictar disposiciones normativas en el marco de su competencia, sobre asuntos de interés municipal y controlar su cumplimiento;

h. controlar y fiscalizar la actividad del Consejo de la Administración del Municipio, auxiliándose para ello de sus comisiones de trabajo, sin perjuicio de las actividades de control a cargo de otros órganos y entidades;

i. organizar y controlar, en lo que le concierne y conforme a lo establecido por el Consejo de Ministros o el Gobierno Provincial, el funcionamiento y las tareas de las entidades encargadas de realizar, entre otras, las actividades económicas, de producción y servicios, de salud, asistenciales, de prevención y atención social, científicas, educacionales, culturales, recreativas, deportivas y de protección del medio ambiente en el municipio;

j. exigir y controlar el cumplimiento de la legalidad, así como el fortalecimiento del orden interior y la capacidad defensiva del país, en su territorio;

k. proponer al Consejo de Ministros o al Gobernador, según el caso, la revocación de decisiones adoptadas por órganos o autoridades subordinadas a estos;

l. revocar o modificar las decisiones adoptadas por los órganos o autoridades que le están subordinados, cuando contravengan las normas legales superiores, afecten los intereses de la comunidad, o extralimiten las facultades de quien las adoptó;

m. aprobar la creación de los consejos populares del municipio, previa consulta al Consejo de Estado;

n. coadyuvar, de conformidad con lo previsto en la ley, a la ejecución de las políticas del Estado en su demarcación, así como al desarrollo de las actividades de producción y servicios de las entidades radicadas en su territorio que no les estén subordinadas;

ñ. crear comisiones de trabajo y aprobar los lineamientos generales para su labor, y

o. cualquier otra atribución que le asigne esta Constitución y las leyes.

Artículo 192

La Asamblea Municipal del Poder Popular para el ejercicio de sus funciones se apoya en sus comisiones de trabajo, en los consejos populares, en la iniciativa y amplia participación de la población, y actúa en estrecha coordinación con las organizaciones de masas y sociales.

Sección segunda. Delegados a la asamblea municipal del poder popular

Artículo 193
Los delegados cumplen el mandato que les han conferido sus electores, en interés de toda la comunidad, para lo cual deberán compartir estas funciones, con sus responsabilidades y tareas habituales. La ley regula la forma en que se desarrollan estas funciones.

Artículo 194
Los delegados tienen los derechos siguientes:

a. participar con voz y voto en las sesiones de la Asamblea Municipal y en las reuniones de las comisiones y consejos populares de que formen parte;
b. solicitar información al Presidente, Vicepresidente y Secretario de la Asamblea Municipal, a los miembros de las comisiones y al Consejo de la Administración sobre temas relevantes para el ejercicio de sus funciones y obtener respuesta en la propia sesión o lo antes posible;
c. solicitar la atención e información de las entidades radicadas en el territorio respecto a situaciones o problemas que

afecten a sus electores, y estas vienen obligadas a responder con la debida prontitud, y

d. cualquier otro que les reconozcan la Constitución y las leyes.

Artículo 195
Los delegados tienen los deberes siguientes:

a. mantener una relación permanente con sus electores, promoviendo la participación de la comunidad en la solución de sus problemas;

b. dar a conocer a la Asamblea Municipal y a la administración de la localidad las opiniones, necesidades y dificultades que les trasmitan sus electores, y trabajar en función de gestionar su solución, en lo que les corresponda;

c. informar a los electores sobre la política que sigue la Asamblea Municipal y las medidas adoptadas en atención a sus opiniones y para la solución de las necesidades planteadas por la población o las dificultades para resolverlas;

d. rendir cuenta periódicamente a sus electores de su gestión, conforme a lo establecido en la ley, e informar a la Asamblea, a la Comisión y al Consejo Popular a que pertenezcan sobre el cumplimiento de las tareas que les hayan sido encomendadas, cuando estos lo reclamen, y

e. cualquier otro que le reconozcan la Constitución y las leyes.

Artículo 196
El mandato de los delegados es revocable en todo momento. La ley determina la forma, las causas y los procedimientos para su revocación.

Sección tercera. Comisiones de la asamblea municipal del poder popular

Artículo 197

Las comisiones permanentes de trabajo son constituidas por la Asamblea Municipal del Poder Popular atendiendo a los intereses específicos de su localidad, para que la auxilie en la realización de sus actividades y especialmente para ejercer el control a las entidades de subordinación municipal.

Del mismo modo, las comisiones pueden solicitar a entidades de otros niveles de subordinación, que se encuentren radicadas en su demarcación territorial que les informen sobre aspectos que inciden directamente en la localidad.

Las comisiones de carácter temporal cumplen las tareas específicas que les son asignadas dentro del término que se les señale.

Sección cuarta. Consejo popular

Artículo 198

El Consejo Popular es un órgano local del Poder Popular de carácter representativo, investido de la más alta autoridad para el desempeño de sus funciones y, sin constituir una instancia intermedia a los fines de la división político-administrativa, se organiza en ciudades, pueblos, barrios, poblados y zonas rurales; lo integran los delegados elegidos en las circunscripciones de su demarcación, los cuales deben elegir de entre ellos a quien lo presida.

A las reuniones del Consejo Popular pueden invitarse, según los temas y asuntos a tratar, representantes de las organizaciones de masas y sociales y de las entidades más importantes en la demarcación, con el objetivo principal de fortalecer la coordinación y el esfuerzo colectivo en beneficio de la comunidad, siempre desde las funciones propias que a cada cual corresponden.

Artículo 199

El Consejo Popular representa a la población de la demarcación donde actúa y a la vez a la Asamblea Municipal del Poder Popular. Ejerce el control sobre las entidades de producción y servicios de incidencia local, y trabaja activamente para la satisfacción, entre otras, de las necesidades de la economía, de salud, asistenciales, educacionales, culturales, deportivas y recreativas, así como en las tareas de prevención y atención social, promoviendo la participación de la población y las iniciativas locales para su consecución.

La ley regula la organización y atribuciones del Consejo Popular.

Sección quinta. Garantías a los derechos de petición y participación popular local

Artículo 200
La Asamblea Municipal del Poder Popular, a los efectos de garantizar los derechos de petición y de participación ciudadana:

a. convoca a consulta popular asuntos de interés local en correspondencia con sus atribuciones;

b. garantiza la correcta atención a los planteamientos, quejas y peticiones de la población;

c. garantiza el derecho de la población del municipio a proponerle el análisis de temas de su competencia;

d. mantiene un adecuado nivel de información a la población sobre las decisiones de interés general que se adoptan por los órganos del Poder Popular;

e. analiza, a petición de los ciudadanos, los acuerdos y disposiciones propias o de autoridades municipales subordinadas, por estimar aquellos que estos lesionan sus intereses, tanto individuales como colectivos, y adopta las medidas que correspondan, y

f. ejecuta, en el marco de su competencia, cualquier otra acción que resulte necesaria a fin de garantizar estos derechos.

La ley establece la forma y el ejercicio de estas garantías.

Sección sexta. Administración municipal

Artículo 201

La Administración Municipal tiene como objetivo esencial satisfacer, entre otras, las necesidades de la economía, de salud, asistenciales, educacionales, culturales, deportivas y recreativas de la colectividad del territorio a que se extiende su jurisdicción, así como ejecutar las tareas relativas a la prevención y atención social.

La ley determina la organización, estructura y funcionamiento de la Administración Municipal.

Artículo 202

El Consejo de la Administración es designado por la Asamblea Municipal del Poder Popular, a la que se le subordina y rinde cuenta. Su composición, integración y funciones se establecen en la ley.

Artículo 203

El Consejo de la Administración Municipal es presidido por el Intendente, tiene carácter colegiado, desempeña funciones ejecutivo-administrativas y dirige la Administración Municipal.

Título IX. Sistema electoral

Capítulo I. Disposiciones generales

Artículo 204

Todos los ciudadanos, con capacidad legal para ello, tienen derecho a intervenir en la dirección del Estado, bien directamente o por intermedio de sus representantes elegidos para integrar los órganos del Poder Popular y a participar, con ese propósito, en la forma prevista en la ley, en elecciones periódicas, plebiscitos y referendos populares, que serán de voto libre, igual, directo y secreto. Cada elector tiene derecho a un solo voto.

Artículo 205

El voto es un derecho de los ciudadanos. Lo ejercen voluntariamente los cubanos, hombres y mujeres, mayores de dieciséis años de edad, excepto:

a. Las personas que por razón de su discapacidad tengan restringido judicialmente el ejercicio de la capacidad jurídica;
b. los inhabilitados judicialmente, y
c. los que no cumplan con los requisitos de residencia en el país previstos en la ley.

Artículo 206

El Registro de Electores tiene carácter público y permanente; lo conforman de oficio todos los ciudadanos con capacidad legal para ejercer el derecho al voto, de conformidad con lo previsto en la ley.

Artículo 207

Tienen derecho a ser elegidos los ciudadanos cubanos, hombres y mujeres, que se hallen en el pleno goce de sus derechos políticos y que cumplan con los demás requisitos previstos en la ley.

Si la elección es para diputados a la Asamblea Nacional del Poder Popular deben, además, ser mayores de dieciocho años de edad.

Artículo 208

Los miembros de las instituciones armadas tienen derecho a elegir y a ser elegidos, igual que los demás ciudadanos.

Artículo 209

La ley determina la cantidad de diputados que integran la Asamblea Nacional del Poder Popular y de delegados que componen las asambleas municipales del Poder Popular, en proporción al número de habitantes de las respectivas demarcaciones en que, a los efectos electorales, se divide el territorio nacional.

Los diputados a la Asamblea Nacional del Poder Popular y los delegados a las asambleas municipales del Poder Popular se eligen por el voto libre, igual, directo y secreto de los electores. La ley regula el procedimiento para su elección.

Artículo 210

Para que se considere elegido un diputado o un delegado es necesario que haya obtenido más de la mitad del número de votos válidos emitidos en la demarcación electoral de que se trate.

De no concurrir esta circunstancia, o en los demás casos de plazas vacantes, la ley regula la forma en que se procederá.

Capítulo II. Consejo electoral nacional

Artículo 211

El Consejo Electoral Nacional es el órgano del Estado que tiene como misión fundamental organizar, dirigir y supervisar las elecciones, consultas populares, plebiscitos y referendos que se convoquen.

Tramita y responde las reclamaciones que en esta materia se establezcan, así como cumple las demás funciones reconocidas en la Constitución y las leyes.

El Consejo Electoral Nacional garantiza la confiabilidad, transparencia, celeridad, publicidad, autenticidad e imparcialidad de los procesos de participación democrática.

Artículo 212

El Consejo Electoral Nacional tiene independencia funcional respecto a cualquier otro órgano y responde por el cumplimiento de sus funciones ante la Asamblea Nacional del Poder Popular.

Asimismo, una vez culminado cada proceso electoral, informa de su resultado a la nación.

Artículo 213

El Consejo Electoral Nacional está integrado por el Presidente, el Vicepresidente, el Secretario y los vocales previstos en la ley.

Los integrantes del Consejo Electoral Nacional son elegidos y revocados, según corresponda, por la Asamblea Nacional del Poder Popular o, en su caso, por el Consejo de Estado.

Artículo 214

La organización, funcionamiento, integración y designación de las autoridades electorales, a todos los niveles, se regula en la ley.

No pueden ser miembros de los órganos electorales los que resulten nominados u ocupen cargos de elección popular.

Artículo 215

El Consejo Electoral Nacional controla la confección y actualización del Registro Electoral, de conformidad con lo establecido en la ley.

Artículo 216

Todos los órganos estatales, sus directivos y funcionarios, así como las entidades, están obligados a colaborar con el Consejo Electoral Nacional en el ejercicio de sus funciones.

Título X. Defensa y seguridad nacional

Capítulo I. Disposiciones generales

Artículo 217

El Estado cubano fundamenta su política de Defensa y Seguridad Nacional en la salvaguarda de la independencia, la integridad territorial, la soberanía y la paz sobre la base de la prevención y enfrentamiento permanente a los riesgos, amenazas y agresiones que afecten sus intereses.

Su concepción estratégica de defensa se sustenta en la Guerra de Todo el Pueblo.

Capítulo II. Consejo de defensa nacional

Artículo 218

El Consejo de Defensa Nacional es el órgano superior del Estado, que tiene como misión fundamental organizar, dirigir y preparar al país, desde tiempo de paz, para su defensa, y velar por el cumplimiento de las normativas vigentes relativas a la defensa y seguridad de la nación.

Durante las situaciones excepcionales y de desastre dirige al país y asume las atribuciones que le corresponden a los órganos del Estado, con excepción de la facultad constituyente.

Artículo 219

El Consejo de Defensa Nacional está integrado por el Presidente de la República, que lo preside, quien, a su vez, designa a un Vicepresidente y a los demás miembros que determine la ley.

La ley regula la organización y funcionamiento del Consejo de Defensa Nacional y de sus estructuras a los diferentes niveles.

Capítulo III. Instituciones armadas del estado

Artículo 220
Las instituciones armadas del Estado son las Fuerzas Armadas Revolucionarias y las formaciones armadas del Ministerio del Interior, las que para el cumplimiento de sus funciones cuentan con la participación de personal militar y civil.

La ley regula la organización y funcionamiento de estas instituciones, así como el servicio militar que los ciudadanos deben prestar.

Artículo 221
Las instituciones armadas tienen como misión esencial proteger y mantener la independencia y soberanía del Estado, su integridad territorial, su seguridad y la paz.

Capítulo IV. Situaciones excepcionales y de desastre

Artículo 222

En interés de garantizar la defensa y la seguridad nacional, en caso de producirse una agresión militar o ante la inminencia de ella u otras circunstancias que las afecten, pueden decretarse de forma temporal, en todo el país, según corresponda, las situaciones excepcionales del Estado de Guerra o la Guerra, la Movilización General y el Estado de Emergencia, esta última también puede decretarse en una parte del territorio nacional.

La ley regula la forma en que se declaran las situaciones excepcionales, sus efectos y terminación.

Artículo 223

Ante la ocurrencia de desastres, cualquiera que sea su naturaleza, en cuyas circunstancias se afecte la población o la infraestructura social y económica, en magnitud tal que supere la capacidad habitual de respuesta y recuperación del país o del territorio afectado, se puede decretar la Situación de Desastre.

La ley regula lo concerniente al establecimiento, efectos y terminación de las situaciones de desastre.

Artículo 224

Durante la vigencia de las situaciones excepcionales y de desastre, la ley determina los derechos y deberes reconocidos por la Constitución, cuyo ejercicio debe ser regulado de manera diferente.

Artículo 225

El Consejo de Defensa Nacional, una vez restablecida la normalidad en el país, rinde cuenta a la Asamblea Nacional del Poder Popular de sus decisiones y gestión durante ese período.

Título XI. Reforma de la Constitución

Artículo 226

Esta Constitución solo puede ser reformada por la Asamblea Nacional del Poder Popular mediante acuerdo adoptado, en votación nominal, por una mayoría no inferior a las dos terceras partes del número total de sus integrantes.

Artículo 227

Tienen iniciativa para promover reformas a la Constitución:

a. el Presidente de la República;
b. el Consejo de Estado;
c. el Consejo de Ministros;
d. los diputados a la Asamblea Nacional del Poder Popular, mediante proposición suscrita por no menos de la tercera parte de sus integrantes;
e. el Consejo Nacional de la Central de Trabajadores de Cuba y las direcciones nacionales de las demás organizaciones de masas y sociales, y
f. los ciudadanos, mediante petición dirigida a la Asamblea Nacional del Poder Popular, suscrita ante el Consejo Electoral Nacional, como mínimo por cincuenta mil electores. La ley establece el procedimiento, los requisitos y garantías para su solicitud y realización.

Artículo 228

Cuando la reforma se refiera a la integración y funciones de la Asamblea Nacional del Poder Popular o del Consejo de Estado, a las atribuciones o al período de mandato del Presidente de la República, a los derechos, deberes y garantías consagrados en la Constitución, se requiere, además, la ratificación por el voto favorable de la mayoría de los electores en referendo convocado a tales efectos.

Artículo 229

En ningún caso resultan reformables los pronunciamientos sobre la irrevocabilidad del sistema socialista establecido en el Artículo 4, y la prohibición de negociar bajo las circunstancias previstas en el inciso a) del Artículo 16.

Disposiciones especiales

Primera

Los diputados a la Asamblea Nacional del Poder Popular de la IX Legislatura se mantienen en sus cargos hasta tanto concluya su mandato.

Segunda

Se extiende el mandato actual de los delegados a las asambleas municipales del Poder Popular hasta cinco años, contados a partir de la fecha de su constitución.

Disposiciones transitorias

Primera

Antes del plazo de seis meses, después de haber entrado en vigor la presente Constitución, la Asamblea Nacional del Poder Popular aprueba una nueva Ley Electoral, en la que regule la elección de los diputados a la Asamblea Nacional, su Presidente, Vicepresidente y Secretario; el Consejo de Estado, el Presidente y Vicepresidente de la República, los miembros del Consejo Electoral Nacional, los gobernadores y vicegobernadores provinciales, los delegados a las asambleas municipales del Poder Popular, su Presidente y Vicepresidente.

Segunda

Luego de aprobada la Ley Electoral, la Asamblea Nacional del Poder Popular, en el plazo de tres meses, elige de entre sus diputados, a su Presidente, Vicepresidente y Secretario, a los demás miembros del Consejo de Estado, y al Presidente y Vicepresidente de la República.

Tercera

Una vez elegido, el Presidente de la República, en el plazo de tres meses, propone a la Asamblea Nacional del Poder Popular la designación del Primer Ministro, Viceprimeros Ministros, el Secretario y demás miembros del Consejo de Ministros.

Cuarta

Las asambleas provinciales del Poder Popular se mantienen en sus funciones hasta tanto tomen posesión de sus cargos los gobernadores, vicegobernadores y los consejos provinciales.

Quinta

El Presidente de la República, una vez elegido y en el plazo de tres meses, propone a las asambleas municipales del Poder Popular respectivas, la elección por sus delegados de los gobernadores y vicegobernadores provinciales.

Sexta

Las asambleas municipales del Poder Popular, en el plazo de tres meses, designan con posterioridad a la elección de los gobernadores y vicegobernadores provinciales, a aquellos que van a ocupar los cargos de intendentes.

Séptima

La Asamblea Nacional del Poder Popular en el plazo de un año, luego de la entrada en vigor de la Constitución, aprueba su reglamento y el del Consejo de Estado.

Octava

El Consejo de Ministros en el plazo de dos años de vigencia de la Constitución, presenta a la Asamblea Nacional del Poder Popular el proyecto de nuevo reglamento de ese órgano y el de los gobiernos provinciales.

Novena

La Asamblea Nacional del Poder Popular en el plazo de dos años de vigencia de la Constitución, aprueba el reglamento de las asambleas municipales del Poder Popular y de sus consejos de la administración.

Décima

El Consejo de Gobierno del Tribunal Supremo Popular, en el plazo de dieciocho meses de entrada en vigor de la Constitución, presenta a la Asamblea Nacional del Poder Popular el proyecto de nueva Ley de los Tribunales Populares, ajustado a los cambios que en la presente Constitución se establecen, así como las propuestas de modificaciones a la Ley de Procedimiento Penal y a la Ley de Procedimiento Civil, Administrativo, Laboral y Económico, que correspondan.

Decimoprimera

Atendiendo a los resultados de la Consulta Popular realizada, la Asamblea Nacional del Poder Popular dispondrá, en el plazo de dos años de vigencia de la Constitución, iniciar el proceso de consulta popular y referendo del proyecto de Código de Familia, en el que debe figurar la forma de constituir el matrimonio.

Decimosegunda

La Asamblea Nacional del Poder Popular, en el plazo de dieciocho meses de entrada en vigor de la Constitución, aprueba las modificaciones legislativas requeridas para hacer efectivo lo previsto en su Artículo 99, referido a la posibilidad de los ciudadanos de acceder a la vía judicial para reclamar sus derechos.

Decimotercera

La Asamblea Nacional del Poder Popular aprueba, en el plazo de un año de entrada en vigor de la Constitución, un cronograma legislativo que dé cumplimiento a la elaboración de las leyes que desarrollan los preceptos establecidos en esta Constitución.

Disposiciones finales

Primera
Se deroga la Constitución de la República de Cuba, de 24 de febrero de 1976, tal como quedó redactada por las reformas de 1978, 1992 y 2002.

Segunda
La presente Constitución entra en vigor, una vez proclamada, a partir de su publicación en la Gaceta Oficial de la República.

Libros a la carta

A la carta es un servicio especializado para
empresas,
librerías,
bibliotecas,
editoriales
y centros de enseñanza;
y permite confeccionar libros que, por su formato y concepción, sirven a los propósitos más específicos de estas instituciones.

Las empresas nos encargan ediciones personalizadas para marketing editorial o para regalos institucionales. Y los interesados solicitan, a título personal, ediciones antiguas, o no disponibles en el mercado; y las acompañan con notas y comentarios críticos.

Las ediciones tienen como apoyo un libro de estilo con todo tipo de referencias sobre los criterios de tratamiento tipográfico aplicados a nuestros libros que puede ser consultado en Linkgua-ediciones.com.

Linkgua edita por encargo diferentes versiones de una misma obra con distintos tratamientos ortotipográficos (actualizaciones de carácter divulgativo de un clásico, o versiones estrictamente fieles a la edición original de referencia).

Este servicio de ediciones a la carta le permitirá, si usted se dedica a la enseñanza, tener una forma de hacer pública su interpretación de un texto y, sobre una versión digitalizada «base», usted podrá introducir interpretaciones del texto fuente. Es un tópico que los profesores denuncien en clase los desmanes de una edición, o vayan comentando errores de interpretación de un texto y esta es una solución útil a esa necesidad del mundo académico.

Asimismo publicamos de manera sistemática, en un mismo catálogo, tesis doctorales y actas de congresos académicos, que son distribuidas a través de nuestra Web.

El servicio de «libros a la carta» funciona de dos formas.

1. Tenemos un fondo de libros digitalizados que usted puede personalizar en tiradas de al menos cinco ejemplares. Estas personalizaciones pueden ser de todo tipo: añadir notas de clase para uso de un grupo de estudiantes, introducir logos corporativos para uso con fines de marketing empresarial, etc. etc.

2. Buscamos libros descatalogados de otras editoriales y los reeditamos en tiradas cortas a petición de un cliente.

www.ingramcontent.com/pod-product-compliance
Lightning Source LLC
LaVergne TN
LVHW041338080426
835512LV00006B/526